[あじあブックス]
056

張説《ちょうえつ》——玄宗とともに翔《かけ》た文人宰相

高木重俊

大修館書店

唐王朝系図　（　）内の数字は在位年。

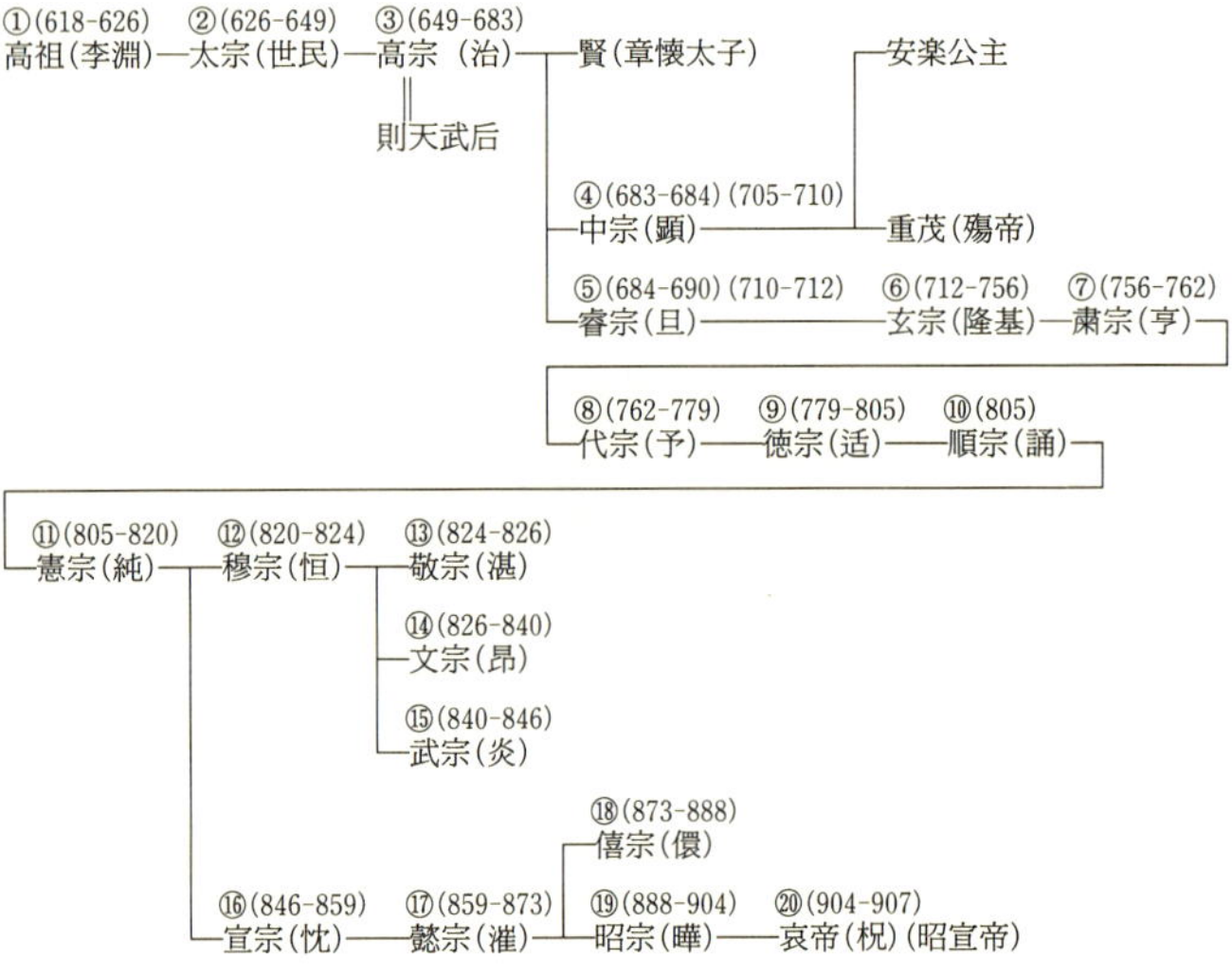

武氏系図

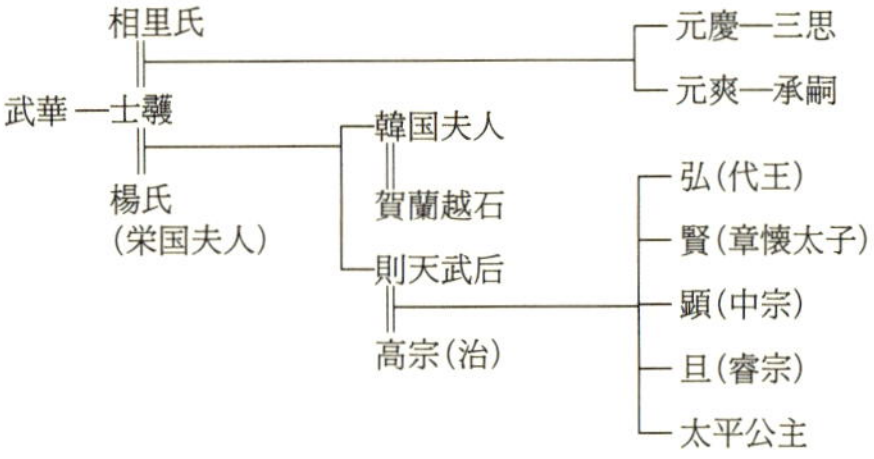

はじめに

唐の第二代皇帝太宗《たいそう》の貞観《じょうがん》年間（六二七―六四九）と、第六代皇帝玄宗《げんそう》の開元《かいげん》年間（七一三―七四一）は、唐代のみならず中国史全体を通観しても、盛世（太平繁栄の世）として称えられ、後世の模範とされた時代であり、それぞれに、「貞観の治」「開元の治」と呼ばれる。約三百年に及ぶ唐の歴史のまだ前半のうちに、太平の世が二度にわたって出現したことになるが、この二つの盛世は連続して訪れたのではなく、太宗の貞観時代が終わって玄宗の開元時代が幕を開けるまでの六十余年の間には、支配階級の内部で激しい権力闘争が展開された時期があった。それは、唐の建国の功臣が貴族化して形成した固い支配基盤に対して、権貴の女性たちとそれを支える新興官僚勢力が権力の奪取を狙って、宮廷を中心に激しい抗争を仕掛けたものであった。中国史上唯一の女帝武則天《ぶそくてん》が登場したのもこの時期である。

建国の英傑太宗の後を承けた高宗《こうそう》（六四九―六八三在位）は、優柔不断な天子だった。彼は太宗の存命中から、その後宮の才人（正五品の女官）であった武照《ぶしょう》（号は則天、六二八―七〇五、なお、生年には諸説がある）と深い仲になり、永徽《えいき》元年（六五〇）に即位するとみずからの後宮に入れ、昭儀（正二品の女官）とした。やがて武照は皇后の王氏や高宗の寵愛する蕭淑妃《しょうしゅくひ》（淑妃は、正一品の女官）を失脚させて虐殺し、永徽六年（六五五）には皇后の地位に座った。翌年、皇太子李忠を廃し、自分と高宗との嫡男である李弘を皇太子に据え、自分の皇后冊立に反対した太宗朝からの宿老（保守派官僚）である褚遂良《ちょすいりょう》や、太宗の長孫皇后の父にあたる長孫無忌《ちょうそんむき》を嶺南に流して死に追いやった。

皇后武則天の横暴に恐れをなした高宗は、宰相の上官儀《じょうかんぎ》と図って武則天を廃そうとして失敗し、高宗からその責任をおしつけられた上官儀は投獄されて死ぬ。以後、高宗は武則天に頭が上がらなくなった。もともと智計が豊かで文史に造詣が深く、しかも決断力に富んだ武則天は、病弱だった高宗に代わって実際の政務を取り仕切り、高宗と並んで「二聖」と呼ばれるまでに皇帝権力を実質的に行使したのである。

武則天は「告密の門」を設けて密告を奨励し、酷吏（残虐な法務官吏）を登用し、制獄（勅命によって設けられた特別な牢獄）を設置して、自分に敵対する旧勢力の排除を断行した。その弾圧の手は自分と高宗の実子である皇太子にも及んだ。母の意に逆らって直言する長男の皇太子李弘が毒殺され、その後に皇太子に立てられた次男の李賢も謀反を理由に廃され、配所で自殺する。

弘道元年（六八三）に高宗が崩御すると、三男の皇太子李顕《りけん》が即位した。唐の第四代皇帝中宗である。武則天は皇太后となって、権力を保持した。中宗の皇后となった韋氏《いし》は、自分の父を門下侍中（門下省の長官、正三品）に任じようとして武則天の不興を買う。中宗はわずか五十四日で皇帝の座を追われて盧陵王《ろりょうおう》に降格され、その弟の李旦《りたん》が即位する。第五代皇帝睿宗《えいそう》である。

地方の刺史などに左遷されていた唐の王室に連なる者たちは、不平と危機感に駆られて反撃に出た。その最大のものは光宅元年（六八四）に李敬業らが起こした軍事行動だった。彼は保守派官僚の子孫で、左遷されていた不平分子を糾合して打倒武則天の挙に出たのであるが、二か月足らずで壊滅した。続いて、高宗の叔父の韓王李元嘉《りげんか》、高宗の兄の越王李貞《りてい》らが各地の皇族を糾合して挙兵したが、武則天軍に撃破され、関係者は族滅されて唐室の人脈はほぼ尽きた。『資治通鑑』「長寿元年（六九二）」の条には、「太后は垂拱《すいきょう》より以来、酷吏を任用し、先ず唐の宗室の貴戚数百人を誅し、次は大臣数百家に及び、其の刺史・郎将以下は勝《あ》げて数うべからず」と記す。武則天は甥の武《ぶ》承嗣《しょうし》や武三思を筆頭とする武氏一族を重用し、親武則天派の許敬宗《きょけいそう》・李義府《りぎふ》らの官僚群を登用して、権力基盤を固めたのである。

天授元年（六九〇）九月、武則天は帝位に即いて国号を周と改め、皇帝睿宗は武姓を賜って皇嗣に降格される（のち、中宗李顕が皇嗣となる）。万歳通天二年（六九七）正月、高宗と武則天の娘である太平公主が、母帝に張昌宗《ちょうしょうそう》という美青年を薦めた。昌宗は兄の張易之《ちょうえきし》も武則天に薦め、兄弟は女帝の寵愛を背景に宮中で絶大な権力を振るうようになり、皇太子や武氏一門でさえも逆らえなかった。皇太子李顕の長男李重潤《りちょうじゅん》はかつて皇太孫に立てられたことがあり、その妹の永泰郡主は武承嗣の長男武延基《ぶえんき》の妻となっていた。三人は「なぜ張兄弟は宮中に出入してほしいままに行動しているのか」と密議したと武則天に誣告《ぶこく》され、怒った武則天は李重潤と武延基夫妻を杖殺《じょうさつ》した。武則天は血縁関係にある孫や甥よりも張兄弟を重んじる姿勢を示したのである。

しかし、さしもの武則天も老衰には勝てなかった。長安四年（七〇四）暮れ、高齢の武則天は病臥した。明くる神竜元年正月、八十歳の老宰相張柬之《ちょうかんし》は桓彦範《かんげんぱん》らとともにしぶる皇太子李顕を擁し、兵を率いて玄武門から宮中に攻め込み、張兄弟を斬って武則天に退位を認めさせ、中宗李顕が即位する。彼にとっては二十余年ぶりの帝位復帰であった。武則天はこの年の十一月、洛陽の上陽宮で崩御した。享年は七十八歳である。高宗の皇后となって以来五十年、女帝となって以来十五年、武則天はつねに唐室に連なる保守派と抗争を続けた。抗争をやめればただちに自身が滅亡するからである。そして彼女はつねに勝利を収めてきた。

『資治通鑑』「長寿元年（六九二）」の条では、「太后は官位・爵位を濫発《らんぱつ》して天下の人心を収攬《しゅうらん》したが、無能な者は退け処罰した。刑罰と褒賞の権力を操《と》って天下を治め、政策は自ら発し、深い洞察力によって決断した。それが当時の優秀な人材の忠誠心をかきたてた」と評される。

中宗が復位し国号が唐に戻っても、支配層内部の権力抗争は続いた。武則天の外戚として権勢を振るった武氏は皇帝の実母の一族でもあり、加えて、中宗と韋皇后の娘である安楽公主が武三思の息子の武崇訓《ぶすうくん》に降嫁していて、中宗が復位しても武氏の勢力は温存されていた。一方、中宗の皇后韋氏は、安楽公主と力を合わせて軟弱な中宗に取って替わり、かつての武則天に倣って自分が女帝になり、皇太子李重俊《りちょうしゅん》を廃して安楽公主を皇太女にしようとしていた。景竜元年（七〇七）七月、それを察知した李重俊は羽林大将軍李多祚《りたそ》とともにクーデターを起こし、武三思・武崇訓を殺して宮中に乱入するが、鎮圧されて殺される。韋后の陰謀は加速し、景竜四年（七一〇）六月には中宗を毒殺し、遺詔《いしょう》を偽って中宗の第四子で十七歳の李重茂《りちょうも》を即位させ、自分は皇太后として専制をはかった。韋后は朝廷の実権掌握に成功したかに見えたが、睿宗李旦の第三子で臨淄郡王《りんしぐんおう》に封じられていた李隆基《りりゅうき》（のちの玄宗）がただちに反撃して韋氏・武氏を掃討した。睿宗は約二十五年ぶりに皇帝に復帰し、李隆基は皇太子となったのである。

しかし、睿宗の政権も権力抗争に巻き込まれる。高宗と武則天の娘である太平公主は、ただ一人の妹として優遇する睿宗の厚意を背景に朝政を左右しはじめ、反太平派の官僚は次々に朝廷を追われた。『資治通鑑』「景雲二年（七一一）」の条には、この年六月には七人の宰相のうち五人までが太平派だったと記す。皇太子派は窮地に立たされていた。両派の抗争に終止符を打とうと、睿宗は先天元年（七一二）八月に玄宗に皇帝の位を譲るが、太平派の攻勢は衰えず、開元元年と改められた翌年七月、玄宗は機先を制して太平派を誅滅し、ようやく自前の権力基盤を確立する。

高宗の即位から六十余年、抗争の時代はようやく終わり、時代は開元へと進む。この抗争は庶民からすれば宮廷権力をめぐる雲の上の混乱であり、国家の転覆につながるものでもなかったが、唐王朝創立の功臣群による旧来の硬直した支配体制は、新興官僚群による活力ある新体制に転換したのである。武則天は旧勢力の手あかのついていない新進の官僚層を大量に登用した。門地（家がら）を持たない大多数の彼らは、科挙という実力試験を突破して官界に入り、立身出世に情熱を燃やした。しかし、官僚の命運は時の権力の趨向と無縁ではない。権力抗争に勝者と敗者があるように、悲喜交錯する彼らの命運も、みずからの才覚や判断によって時代の流れの中に生きた結果なのである。抗争の時代は出世の好機であると同時に、身の破滅を招きやすい危険な時代なのでもあった。

張説《ちょうえつ》（六六七―七三〇）、字《あざな》は道済《どうさい》（説之《えつし》とも）という人物がいる。張説は女帝武則天の治世に官僚社会に登場し、のち、中宗・睿宗・玄宗の三帝に仕えた。彼は玄宗の「開元の治」を実現させた最大の功労者の一人であると同時に、唐代新興階級の最初にして最大の成功者でもあった。彼はさらに詩人・文章家・学者・将軍としても当時の一流であったが、彼の栄達は官僚社会の抗争の波の中で浮沈をくりかえした結果でもあった。彼は自己の命運を玄宗に託し、玄宗とともに初唐期の抗争の時代を翔《かけ》た。本書は、その多能宰相張説の生涯を跡づけようとするものである。

目次

カバー写真＝張説左遷の地、岳州（湖南省岳陽市）にある岳陽楼から洞庭湖を望む。

序章

張説という人物

張説は、唐代の巨星でありながら、一般にはさほど知られた存在ではない。そこで、彼の人物のあらましについて最初に述べておこう。

まず、張説の政治家としての評価について触れる。張説の没後、秘書少監・集賢院学士だった張《ちょう》九齢《きゅうれい》（六七八―七四〇）が書いた「墓志銘」序には、「三たび左右丞相に登り、三たび中書令と作《な》るが若《ごと》きに至っては、唐の興《おこ》りて以来、朝佐《ちょうさ》に比するものなし」と記される。唐代、政治の中枢は三省であり、おおまかに言うと、中書省が政策を立案し、門下省が審議し、尚書省が執行するという関係だった。「左右丞相」は、尚書省の事実上の長官である左右僕射（各一名、従二品）の呼び名を、開元元年（七一三）十二月に改めたものである。「中書令」は、中書省の長官（二名、正三品）、左右僕射（丞相）と中書令は、門下省の長官である侍中（二名、正三品）とともに宰相を担うポストである。宰相は人臣の頂点であり、その官僚機構のトップにいくたびも立った張説の閲歴は、唐の建国以来、朝廷の官僚の中で比べる者がいないと張九齢は言う。張説は、まさに唐の新興官僚階級の最初の出世頭であるだけではなく、唐の歴史に照らしても、唐代最高の成功者だった。

とは言うものの、三たび丞相となり三たび宰相となったのは、それと同じ回数だけ更迭されたり失脚していることを意味する。張九齢の「墓誌銘」序には、「正を守りて逐《お》わるること一たび、坎《かん》に遇いて左遷せらるること二たび」と書かれている。正義を守って追放されたことが一度、陥《おと》し穴に落ちて左遷されたことが二度あったというのである。これは、張説の人生における最大級のピンチの回数をあげたに過ぎないが、官僚社会の権力闘争の渦中に浮き沈みしながら、彼は数多くの危機的状況を乗り越えて大出世をとげたわけである。

張九齢が書いた「墓誌銘」序とは、正しくは「故開府儀同三司行尚書左丞相燕国公贈太師張公墓誌銘幷序」という。「開府儀同三司」は従一品の文散官（文官の品階の高下を示す肩書）、「尚書左丞相」は従二品の職事官（実際の職務のある官職）で、「行」は、職事官の品階が散官の品階より低いことを示す。彼は現職のまま逝去した。「燕国公」は従一品の爵号（皇族や顕著な功績をあげた高級官僚に授与される栄典）で、「贈太師」は死後に贈与された正一品の職事官である。この肩書と、玄宗によって定められた「文貞」という諡《おくりな》とが、政治家としての張説の生涯に対する公式な評価なのである。

次に、詩人・文章家としての側面を見よう。張説が生きた時代は、文学史においては、初唐・盛唐の変り目にあたる。彼が文学面では散文の大家であっただけでなく、初唐詩と盛唐詩とをつなぐ詩人であったという文学史の評価には、疑念をさしはさむ余地がない。張説の現存する詩文は、詩が約三二〇首、文が二五〇篇に近い数にのぼる。初唐期の文人の中で、詩の数では二〇〇首前後の張九齢・李嶠《りきょう》（六四五？—七一四？）・蘇頲《そてい》（六七〇—七二七）を大きく引き離して首座にあり、文は約三〇〇篇の蘇頲、約二六〇篇の張九齢に続いて第三位にいる。ただ、蘇頲・張九齢は制誥《せいこう》（天子の詔勅）類の起草が多く、蘇頲が約二三〇篇、張九齢が約一二〇篇にものぼるが、張説には一篇しか残っていない。したがって、天子の命によって起草される制誥・冊文《さくぶん》などの公的文章を除けば、表《ひょう》疏《そ》（天子への上奏文）・書（書簡）・序・神道碑（墓道に建てる顕彰碑）・墓誌銘などの文章は張説が圧倒的に多く、文章家としての張説の本領を示すのである。もとより、制誥の起草に従事する者は、中書侍郎などのポストにいて学士・知制誥などの肩書きを有し、職務として制誥の文章を書くのであって、これは一流の文章家として天子に認知されていることを示す。張説にほとんど制誥の文章は残っていないとはいえ、許国公蘇頲とともに「燕許の大手筆」（燕国公張説と許国公蘇頲の大文章。大手筆は朝廷の重要文章の意）として讃《たた》えられる張説の力量は、開元前期の文章家の頂点にあったのである。

張説は宮廷詩人でもあった。彼は中宗の景竜三年（七〇九）十二月に初めて宮廷詩人として登場し、その立場は睿宗・玄宗朝にも引き継がれた。「応制・応令詩」など、皇帝や皇太子を中心とする公的場面での作品は七〇首にのぼる。初唐のみならず唐代全体を通しても、彼は最も多い応制詩を残す宮廷詩人である。

こうした状況から見て、張説が初唐における第一級の文人であることは多言を要しないが、これは、彼が長期にわたって旺盛に文学活動を展開した証明である。彼は、作品が後世に伝承される可能性が比較的高い宮廷詩人として活動したのみならず、宮廷を離れた私的場面や左遷された僻地でも詩作を忘れず、親しい人々と酬唱《しゅうしょう》し合い、時に小詩壇を形成することもあった。そして、その作品を詩集にまとめて残そうとする強い意欲を持っていた。彼の作品がこのように今に伝えられるのは、みずからの文学活動に対する自負によるものでもある。

続いて、学識の人としての張説の側面に触れよう。彼は特に礼や暦に対する深い学識をもとに、当代一流の学者として、他の学者とともに多くの典籍の編纂事業にあたったのみならず、史官として国史の修撰にもかかわった。彼は中宗朝に修文館学士（修文館は、典籍を収集・校理し、朝廷の制度・礼儀を審議し、また、文学の臣として天子に扈従《こじゅう》する官署で、学士は職名）となり、玄宗朝では開元十年（七二二）に麗正殿書院の修書使となった。開元十三年四月、玄宗は大明宮の集仙殿を集賢殿と改称し、麗正殿書院を集賢殿書院に改めて、総勢十八名の学士・侍講学士・直学士を任命した。時に中書令であった張説は、知院事（院長）を兼ねて院務を司ることになった。着任にあたって玄宗は宴を賜り、みずから「集賢書院成り、張説の集賢学士に上《のぼ》るを送り宴を賜う」詩を作り、張説を中心とする集賢院の発足を祝っている。

張説は国史の修撰にもかかわっている。彼が初めて監修国史（国史編纂官）に任じられたのは睿宗の景雲二年（七一一）である。その後、開元八年には并州《へいしゅう》大都督府長史として軍幕に赴いた太原（山西省太原市）の地でも、史料を長安から送られて、多忙な軍務の中で国史の撰述にあたっているし、開元十五年には、致仕（退官）した張説に玄宗は修史を命じている。歴史家としての張説の面目の表れである。張説は文芸と学術の両面に優れた、いわゆる「文儒」であった。彼はみずから文儒としての生き方を貫いたのみならず、『大唐新語』「匡賛《きょうさん》」に「善《よ》く長《ちょう》ずる所を用い、文儒の士を引きて以て王化を佐《たす》く」とあるように、彼は後進の長所を生かし、文儒の人士を中心に積極的な人材登用をはかり、玄宗の治世を助けたのである。

さらに見落としてならないのは、将帥《しょうすい》としての張説の活躍である。彼は官界に入って間もない万歳通天元年（六九六）に、清辺道大総管武攸宜《ぶゆうぎ》の管記（書記官）として契丹《きったん》（東方の異民族）討伐のために幽州（今の北京市付近）方面に赴いた。初唐を代表する詩人である陳子昂《ちんすごう》（六五九―七〇〇）も一緒であった。駆け出しの文人官僚が軍幕に赴き、軍功によって出世を図ろうとしたのであるが、この戦役は唐軍不利のままに終わった。その後、長安二年（七〇二）には幷州道行軍大総管魏元忠《ぎげんちゅう》の判官（参謀）として突厥《とっけつ》（西方の異民族）討伐のために幷州（今の山西省太原市）方面に赴く。さらに、開元六年（七一八）にはみずから右羽林将軍・幽州都督として幽州に駐屯し、そのまま幷州に移る。付近に居住していた同羅《どうら》・抜曳固《ばつえいこ》（ともに北方の部族）の部落に不穏な動きが起こったとき、張説はわずか二十騎の軽武装兵をひきいて部落に乗り込み、酋帥《しゅうすい》（異民族の頭領）をじかに慰撫した。また、胡賊の康待賓《こうたいひん》が反乱を起こすと、張説は歩騎万人をひきいて追撃し平定した。こうした従軍体験をもとに、彼はしばしば吐蕃《とばん》（チベット族）対策についても、的確な献策をしている。将帥としての張説の力量は、玄宗にも高く評価されていた。

中宗の時代に突厥の侵寇に悩み、内外の百官に突厥を破る方策を提案させたとき、右補闕の盧俌《ろほ》がその意見を上申したあと、「臣（わたくし）は少きより文儒を慕い、軍旅（軍事）に習わず」と謙遜している。文儒と軍旅という、いわゆる文武の才は、容易には両立し難いのであるが、張説こそは、まことの文儒であり軍旅の人だったのである。

ひとりの士人の立身出世という面から彼を見るならば、彼はきわめて寒微な一門の生まれにもかかわらず、科挙の制度の恩恵によって官界に入り、幾多の浮沈を経ながら、多様な才覚によって人臣の位をきわめた。いわば、彼は唐代新興士人階級の最初にして最大の成功者であった。官僚としても武人としても、文人・学者としても、彼は当代の一流であった。こうした多方面の活躍をした人物は、唐代では張説がただひとりであったと言ってよい。彼は皇帝玄宗に深く心を寄せ、玄宗の信任と庇護のもとに出世街道をかけのぼった。彼はまた行動の人であった。若いころ使者として二度にわたって蜀《しょく》（四川省）に赴き、のち、欽州《きんしゅう》（広西壮族自治区欽州県）・岳州（湖南省岳陽市）に左遷され、軍幕の人として幽州・并州方面にもしばしば赴くなど、彼の足跡は、きわめて広範囲に及んでいる。左遷も権力志向のぶつかり合いの結果であるから、彼が行動の人であったのは、出世願望に裏打ちされた新興士人階級出身の積極性の表れと言えよう。その結果、張説は大出世をとげた。彼は、当時の新興士人階級が、自らの栄達の姿を重ねて仰ぎ見る希望の星でもあった。

しかし、張説の輝きは、彼の死とともに消滅するかに見える。『宋史』『元史』『明史』などの後世の歴史書の中に、宰相としても文人としても、ほとんど取り上げられることはない。彼は一代の巨星なのであった。こうしたことの反映からか、張説に対する近年の専門的研究は、不思議なまでに少ない。とりわけ伝記を交えた専論としては、次の二点が目につくのみである。

(1)吉川幸次郎「張説の伝記と文学」(『東方学』第一輯、昭和二十六年三月。のち、『吉川幸次郎全集』第十一巻に収録。昭和四十三年八月)。本書では、「吉川論文」と略称する。

(2)陳祖言『張説年譜』(香港・中文大学出版社、一九八四年)。『張説年譜』と略称する。

「吉川論文」は張説の伝記に沿って特に文学的側面について論述し、寒門の出身なるがゆえに、彼の詩が初唐と盛唐とを橋渡しするものになり得たと結論する。『張説年譜』は張説に関する資料を博捜し、資料間の年代的・内容的な齟齬《そご》をも丹念に整理して、きわめて詳細である。ただ、年譜という性格上、資料内容の解読については必ずしも十分とは言えない憾《うら》みがある。

本書は、張説に関するさまざまな記録をもとに、張説の人間像を構成しようとするものである。内容は、「官人としての張説」と「文人としての張説」に大きく分ける。「官人」とは、政治活動に、「文人」とは、文学活動に重きを置いた言い方で、もとより両者は截然《せつぜん》と区分できるものではないが、大まかな目安とするものである。

なお、本書の章立ては必ずしも張説の生涯に沿ってなされてはおらず、時間的に記述が前後する場合がしばしばあり、さらに、この時代そのものが、開元の時代が開幕する直前の、初唐期最後の混迷の時代であり、また、一般に広く知られている時代ではない。したがって、最後に張説の略歴を掲げてある。読者の理解の一助となれば幸いである。

本書の記述は、基本的に筆者の論文を下敷きにし、修正を加えている。また、本書はその性格上、原資料をそのまま引用せず、多く書き下し文や現代語訳の形で提示し、注もきわめて簡略にしてある。次に掲げた拙論を併せてご覧いただければ幸いである。

(1)「張説について」―その官人としての側面を中心に（上・下）（『北海道教育大学紀要』第一部A、第四十八巻、第一号・第二号、平成九年八月・平成十年二月）
(2)「張説と岳州小詩壇」（『日本中国学会創立五十年記念論文集』、平成十年十月、汲古書院）
(3)「張説の欽州流謫詩について」（『中国文化』第五十八号、平成十二年六月、中国文化学会）
(4)「先天中、洛下酬唱詩をめぐって」―初唐新興文人官僚の一側面―（『語学文学』第四〇号、平成十四年三月、北海道教育大学語学文学会）
(5)「宮廷詩人としての張説」（『人文論究』第七十二号、平成十五年三月、北海道教育大学函館人文学会）
(6)「張説の抒情詩について」―官途の旅情―（『北海道教育大学紀要』人文科学・社会科学編、第五十四巻第一号、平成十五年九月）

なお、喬象鍾・陳鉄民主編『唐代文学史』上（人民文学出版社、一九九五年・北京）では、張説の記述が十六ページにわたり、さながら「張説文学論」の趣きがある。本書もそれを参照している。

[唐代の三省六部と御史台]

品階	尚書省				門下省		中書省		御史台
	都省	吏部	兵部	戸・礼・刑・工各部		左散騎		右散騎	
正一品	(三師・三公)								
従一品									
正二品	令								
従二品	僕射								
正三品		尚書	尚書	尚書	侍中		令		
従三品						常侍		常侍	大夫
正四品上	左丞	侍郎			黄門侍郎		侍郎		
正四品下	右丞		侍郎	侍郎					
従四品上									
従四品下									
正五品上					給事中	諫議大夫	舎人		中丞
正五品下									
従五品上	郎中	郎中	郎中	郎中					
従五品下									
正六品上									
正六品下									
従六品上	員外郎	員外郎	員外郎	員外郎	起居郎		起居舎人		
従六品下									侍御史
正七品上									
正七品下									
従七品上	都事				録事	左補闕	主書	右補闕	殿中侍御史
従七品下									主簿
正八品上									監察御史
正八品下									
従八品上						左拾遺		右拾遺	
従八品下		主事	主事		主事		主事		
正九品上									
正九品下									
従九品上	主事			主事					
従九品下									録事

・中書省は天子に代わって詔勅の立案・起草を行う。
・門下省は上奏文を天子に取り次ぎ、中書省で起草された詔勅の審議を行う。
・尚書省は文書行政を掌る。吏部は官吏の人事、兵部は軍事・国防、戸部は戸籍・財政、礼部は儀典・文教、刑部は刑罰・司法、工部は土木・建設を担当する。尚書都省が六部を統括する。
・御史台は、官吏の風紀監察を任務とする。

第一章

官人張説

1　張説の家系・出自

名族願望

名族が支配する六朝の貴族制社会が終わり、科挙の制度が始まって才能ある人材を登用する体制はできたものの、唐代初期には氏族の呪縛はまだまだ根強かった。貞観十二年（六三八）春、吏部尚書高士廉《こうしれん》らが『氏族志』を太宗に奉ったのは、貞観六年に上進されたものの改訂版であった。初進本では、博陵の崔《さい》氏の出である黄門侍郎（門下省の次官、正三品）の崔民幹《さいみんかん》を第一等に格付けしてあった。太宗は、これは自分の朝廷の官爵を軽んじて、山東（太行山脈の東の河北平原一帯）の崔・盧《ろ》・李・鄭《てい》の諸族を名族扱いする世俗の心情に迎合していると怒り、改訂を命じていたのである。改訂版では、皇族を最上位に、外戚をその次に置き、以下は官位の高低にしたがって九等に格付けされた。崔民幹は第三等となった。また、これより前の太宗がまだ秦王だった時代に、秦王府の李守素という役人が氏族譜を暗記していて、「肉譜」（生きた氏族譜）と称賛された（『大唐新語』「聡敏」）

という話も、拭いがたい氏族意識の強さを示すものである。

『唐国史補』巻上に、「張燕公は好んで山東の婚姻を求め、当時みな之を悪《にく》む。後に及びて張氏と親と為る者は、乃ち甲門《こうもん》と為る」という記事がある。張説は当時の人々に嫌悪されるまでに山東の名族との婚姻を求めたが、後に彼が顕貴の位に昇ると、彼と親戚になった者は、みな権門勢家となったというのである。山東とは、太行山脈より東の河北平野、主に旧北斉《ほくせい》の支配地域を指し、崔・盧・李・鄭などの一門が名族として家柄を誇っていた。張説が山東の婚姻を切に求めたのは、彼が姻戚・親戚の関係をいかに重んじたかを示しているのであるが、それは彼がおよそ名族とは無縁な存在で、名族コンプレックスのかたまりであったことを示す。この意識が自己の族系に向けられるとどうなるか。まず、張説の語るところを見てみよう。墓誌銘・碑文作家としても名高い彼は、みずからの家系・家族について次の六篇の文章を残している。それは次の通りである。

(1)「周故通道館学士張府君墓誌銘」（曾祖父張弋《ちょうよく》の墓誌銘。以下、「張弋墓誌銘」と略称）
(2)「唐処士張府君墓誌銘」（祖父張恪《ちょうかく》の墓誌銘。「張恪墓誌銘」と略称）
(3)「府君墓誌銘」（父の張隲《ちょうしつ》の墓誌銘。「張隲墓誌銘」と略称）
(4)「唐贈丹州刺史先府君碑」（父の張隲の碑文。「張隲碑文」と略称）
(5)「李氏張夫人墓誌銘」（李伯魚に嫁いだ姉の張徳の墓誌銘。「張徳墓誌銘」と略称）
(6)「張氏女墓誌銘」（夭逝した妹の張炎の墓誌銘。「張炎墓誌銘」と略称）

これらの文章から、族系に関わる叙述について、かいつまんで記してみよう。

○張弋《ちょうよく》は范陽《はんよう》方城（河北省固安県の西南）の人。晋の司空（張華）の子の張禕《ちょうい》が江左（長江下流域）に遷り、六世の後の太常卿だった張隆の時に、河東（山西省蒲州県）の族人に身を寄せた。（「張弋墓誌銘」）

○晋の張華の子孫が永嘉の国難（西晋が滅亡する契機となった乱）に遭って南渡したとき、北地に留まった者の一部は蒲坂《ほはん》（山西省永済県）に寓居し、北周・北斉の時期に江南から帰ってきた者たちもここで一緒になった。張恪《ちょうかく》は晋の司空の十一代の子孫にあたる。（「張恪墓誌銘」）

○張隲《ちょうしつ》は晋の司空の十二代の孫にあたる。（「張隲墓誌銘」）

○張隲は范陽方城の人。張華の子の張韙《ちょうい》が散騎常侍となり、江左に僑居《きょうきょ》した。その昆孫（曾孫の子は玄孫、その子は来孫で、その子が昆孫）の太常（張隆）が河洛に復帰した。もともと河東には（張華にちなんだ）司空砦《しくうさい》、洛陽には（張韙にちなんだ）散騎里があって、張華から張隲に至る十二代に対して、仁義（敬愛の礼）を失したことはない。（「張隲碑文」）

「張弋墓誌銘」と「張隲碑文」で張氏の族望（本籍地）を「范陽方城」とするのは、張説が自作の「陳司馬を弔う書」と「鳳閣舎人に与うる書」の中でも、それぞれ「范陽の張説」と名乗っているのに符合する。自分の一族が西晋の張華の後裔であるとするために、族望を范陽にしておく必要があるのである。

張華へのあこがれ

張華（二三二―三〇〇）は、父を早くに失い、みずから羊を牧する貧しい生活から身を起こして西晋の司空（三公の一つ）に昇り、詩人としても名を知られる人物であるが、永康元年、恵帝の大叔父にあたる趙王倫のクーデターによって殺される。『晋書』「張華伝」では、張華を「范陽方城の人」と記している。張華の四世の祖にあたる張宇が後漢末の戦乱を避けて范陽方城に移住し、張華の父の張平は三国魏《ぎ》の時代の漁陽郡《ぎょようぐん》太守だったという。さしたる勲功も名声もない辺境の官吏に過ぎなかったこの張氏は、西晋の司空となった張華によって名族としての地歩を確立した。張説が張華に自家の系譜の起源を置くのは、結論から言うと、自分が名門の末裔であるという体裁を取り繕おうとする意識の表れに過ぎないが、他方、貧困の生活から一国の宰相となって王室に忠義を尽くし、三国呉を滅ぼす戦いで参謀として勲功を立て、学識の人として、さらに詩人としての誉れが高く、寒門出身の人材を好んで推挙したという張華の生涯は、驚くほどに張説の生き方と似ている。張説が張華の後裔であると名乗るのには、張華を自己の人生の目標にしようという意識も込められているかも知れない。

張説は、六世の祖である張隆について、「張弋墓誌銘」では西晋の滅亡によって江南に逃れた張華の子の張禕の六世の後とするのに、「張隲碑文」では江左に移住した張華の子で散騎常侍の張韙の昆孫（六世の孫）としている。これはささいな混同に過ぎないとも言えようが、ただ、『晋書』「張華伝」には、張華の二人の子のうち、禕は散騎常侍、韙は散騎侍郎となり、父とともに趙王倫のクーデターで殺されたとある。彼らは江南に移住してはいないのである。なお、祖父張華の爵位を継ぎ、江南に移って丞相掾・太子舎人となったのは禕の子の輿《よ》で、その後嗣は記載がない。
『晋書』は、唐代以前の「晋史」が多種存在して決定版がないところから、太宗が『晋書』編纂の勅命を下し、房玄齢《ぼうげんれい》・褚遂良《ちょすいりょう》・許敬宗《きょけいそう》らの監修によって貞観二十二年（六四八）に完成した。張説誕生の約二十年前であり、彼が科挙受験のための勉強をする中で、唐王朝公認版とも言うべきこの『晋書』を読まなかったとは思われないが、彼はその『晋書』とは異なる記述をしたことになる。なお、『新唐書』「宰相世系表」二下の記述は、張説の説明をそのまま踏襲したものである。

ところで、前述した墓誌銘・碑文の中には、しばしば河東・洛陽という地名が現れるのが目を引く。「張弋墓誌銘」には太常卿だった張隆が河東の族人に身を寄せたとあり、「張悋墓誌銘」では、永嘉の国難に張華の子孫が江南に渡ったとき、北地に残った者の一部は蒲坂に居住し、北周・北斉の時代に南から帰来した者もここに合流したと言い、「張隲碑文」には、司空張華の子で散騎常侍の張韙が江南に移住し、その昆孫の太常が河・洛に復帰したが、もともと河東には司空暟、洛陽には散騎里があって、張華からわが父に至るまで十二代に対して、敬愛の情を欠かしたことはないという。張隆が江南から河東の故地へ復帰したことは繰り返し説かれるが、それがいつの時代だったかは、彼が太常卿として仕えた王朝が記されていないため明らかでない。

また、上述の資料では、張説がこの地でしばしば先祖の祭祀を行なったことが記される。

○景竜三年（七〇九）歳次己酉《きゆう》十月十六日、曾王父（曾祖父の張弋）・曾王母を河東の普救原《ふきゅうげん》に克《こく》葬《そう》（盛大に葬る）す。先志を成すなり。（「張弋墓誌銘」）

○景竜三年歳次己酉冬十月二十六日を以て、王父（祖父の張恪）・王母（祖母の董氏）を蒲坂の東の司空の村に克葬す。先志を成すなり。（「張恪墓誌銘」）

○［調露元年（六七九）の］明年の春、輤藁《せんこう》（霊柩）を奉じて河東に殯《ひん》（仮安置）す。……、［景竜］二年七月己酉、我が先公（父の張騭）を克葬し、夫人合祔《ごうふ》（合葬）す。（「張騭墓誌銘」）

張説は先志（一族の願望）を果たして先人を河東の地に改葬し、亡父母もこの地に合葬したのである。河東の地が実質的な一族の墳墓の地であったことがわかる。その上に彼は河東に「司空之村」「司空砦」（両者は同義だろう）があると述べて、みずからの一族を司空張華に結びつける記述を忘れていない。こうした内容からすると、河東は張説一族の実質的な故郷であり、一方、晋の司空張華と深いつながりを有しているところから、彼がみずから張華の末裔と名乗るためには恰好の地でもあったと判断される。

続いて、張説自作の六篇の墓誌銘・碑文をもとに、張説の家系を図示してみよう。それは、六代の祖の張隆からはじまる。

〈太常卿〉張隆――〈徴君〉張子犯――〈河東郡従事〉張俊――〈通道館学士〉張弋――〈処士〉張恪
＝董氏（六一〇―六八一）

〈洪洞丞〉張騭（六二八―六七九）
＝馮氏（六三六―七〇七）

張徳（六五五―七〇二、李伯玉の妻）
張光（国子祭酒・太子左庶子）
張珪（戸部郎中・懐州刺史）
張説（六六七―七三〇）＝元氏
張某（陰行先の妻）
張炎（成人前に夭逝）

張均
張垍《き》
張埱

＊張説の祖父の張恪は、『新唐書』「宰相世系」では張洛に作る。また、張説の姉の張徳と、長兄張光・次兄張珪との順位は不明である。さらに、張説の子については、両唐書「張説伝」による。ただ、張埱は、『大唐新語』巻九では張垹《ほう》に作る。

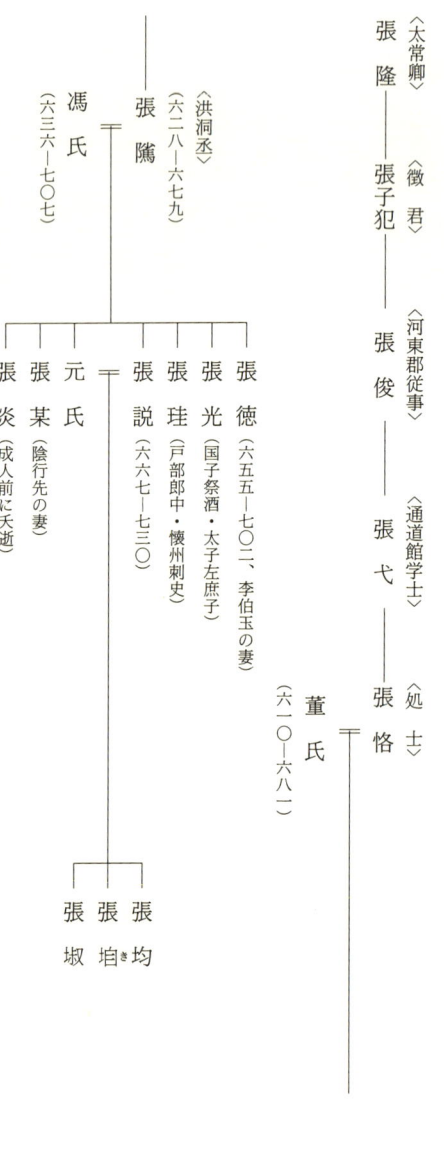

張説はおそらく自家保有の資料、あるいは伝承に基づいて墓誌銘・碑文を起草したのだろうが、張隆から上の六世にはさかのぼれなかった。そうなると、族祖を張華の子の張禕（あるいは張韙）に置くことの信憑性はきわめて希薄になる。彼が自身を「范陽の張説」と称して張華の族望に重ねるのも、自分を張華の子孫に位置づけようとする意識の表れに過ぎない。

ともあれ、張説は自己の族系を名士張華の系譜に組み込んだ。新興階層にとって、自己の才覚と努力、そして時の巡り合わせに恵まれれば栄達の道を駆け上られるという科挙の制度はできたけれども、まだまだ冒籍・冒族（名士の族籍を騙《かた》ること）の必要があった時代に彼は生きていた。そして、自己の栄達にともなって玄宗から燕国公（燕は、范陽郡が属する旧国名）に封じられ、彼が書いた張弋・張恪・張隲の墓誌銘や碑文の通りに、後代の『新唐書』「宰相世系」に登録されたのだから、彼の悲願はそれなりに結実したと言ってもよいのかもしれない。

しかし、当時の人々は必ずしもそのように認定していたわけではなかった。張説の没後約二十年にあたる天宝十載（七五一）ごろの話であるが、『封氏聞見記』一〇「討論」には、著作郎の孔至《こうし》が『百家類例』を著して海内の族姓を品第《ひんだい》（ランク付け）したおり、燕国公張説を近代の新門（『新唐書』「孔至伝」では「近世の新族」と記す）として百家の中に入れず、張説の子の駙馬都尉《ふばとい》（皇帝の娘婿が任じられる官）張垍の怒りを招いたとある。そして、その怒りを恐れた孔至が、同じく氏族の学に詳しい工部侍郎の韋述《いじゅつ》に相談したところ、韋述はそれが事実だから改める必要はないと励ましたという。張説が先祖の墓誌銘・碑文を書いて范陽の張華の族系であると主張し、范陽は古代の燕国の領域であるから玄宗もそれに因んで「燕国公」に封じ、子の張垍が父の功績により皇帝の娘婿にまでなったというのに、孔至や韋述は張氏を「近代新門」「近世新族」と認定していたわけである。唐人の氏族に対する認識には、容易に改めがたい強固な観念があったのである。

家系の現実

張説は上述の墓誌銘・碑文の中で、自己の祖考の人となりのみならず、困苦をきわめた一族の来し方についても、はばかるところのない筆致で記している。それを概観してみよう。

張隆が任じられた太常卿は、天子の宗廟の祭祀をつかさどる太常寺の長官。政府の中核をなす官職であるが、彼がどの王朝に出仕したかは不明である。その子の張子犯は徴士《ちょうし》。朝廷から招かれても官職につこうとしない高徳の人をいう。張俊は張氏の故地である河東郡を管轄する郡太守の属僚。張弋は、北周の通道館学士。「吉川論文」では塚本善隆博士の考証を引き、道士（道教の僧侶）だったとされる。「張弋墓誌銘」によると、彼は初めは州里の持て余す乱暴者だったが、発奮して十余年にわたって勉学し、周の武帝によって通道館学士に召された。北周を滅ぼした隋には出仕せず、山廬に生涯を終えた。夫人は若くして寡婦となり、世間を流浪してつぶさに辛酸を嘗めたが、実家の人々と手を携えて一人息子を育て、のち、身を仏寺に託して隠居の高行を全うしたという。

張弋の子の恪、つまり張説の祖父は処士（官に仕えない教養人）で、「張恪墓誌銘」に「君は孤（みなしご）にして単門（貧しい家）を紹《つ》ぎ、傍らに兄弟なく、苗《なえ》のままにして秀《ひい》でず、未だ仕えずして卒《しゅっ》す」と記される。夫人は、常州長史董雄《とうゆう》の女で、遺児の隲を立派に育て上げた。「張隲墓誌銘」には張恪・張隲父子について、「先君（張恪）は四代にわたって幼いうちに父を失い、貧困の家をひとり受け継ぎ、先祖の祭祀は一本の糸で守られた。府君（張隲）は麻の喪服を産《うぶ》着《ぎ》として母の実家で育てられた」と記されている。いつ宗祀がとだえるかもしれない劣弱なこの家系は、代々の賢夫人の献身的な護持によってかろうじて存続してきたのである。

張隲は十九歳で明法科に及第して饒陽《じょうよう》（河北省饒陽県）の尉となったが、祖母の憂いに遇って辞職し、服喪が終わって長子（山西省長子県）の主簿、洪洞《こうどう》（山西省洪洞県）の丞を歴任した。太夫人の董氏に孝養を尽くすために家郷に近いところに職を求め、そのために出世しなかった。また、張隲は、律（刑法典）の中に経に違《たが》い礼に背《そむ》くものがあることから、『妨難』十九篇を著して皇帝に上奏した。明法科出身の面目の表れである。皇帝は有司に検討を命じたが、删定官《さんていかん》はその内容をねたんで異議を唱え、ついに取り上げられなかったという。

張説の家系は、張華の末裔と自称するにはあまりにも惨めな、かろうじて途絶えない程度の寒門だった。十三歳で父を失った彼に、生きるための辛苦は身に沁み込んでいたはずである。その張説に中央官界に入る幸運が訪れる。彼が目指すもの、それは栄達に他ならないのである。

2　官僚社会への登場

制科に及第

『張説年譜』によると、張説は武則天が即位して国号を周と定めた天授元年（六九〇）に詞標《しひょう》文苑《ぶんえん》科（文芸に優れた人材を登用する科）の詔挙に応じ、対策第一として太子校書（東宮府の図書係、正九品下）を授けられた。二十五歳の時である。

『全唐文』二二四に、張説の対策（答案）三道が収められており、その第一道では、「適時《てきじ》の務めは何をか先にせん、経国《けいこく》の図りごとは何か最《さい》たる」という策問（試験問題）に対し、張説は、政治は煩雑で定見のないものであってはならず、法律は細密苛刻《かこく》（厳しくむごい）なものであってはならないと述べたあと、

竊《ひそ》かに見るに、今の俗吏は、或いは正人に匪《あら》ず。刻を以て明と為し、苛《か》を以て察《さつ》と為し、下《した》

を剝《は》ぐを以て利と為し、上《うえ》に附《つ》くを以て誠と為す。綜覈《そうかく》の司（評価の役人）、考課（勤務評価）は専《もっぱ》ら刀筆（文書）に於《おい》てし、撫字《ぶじ》の宰《さい》（民を慈しむべき宰相）、職務は具《つぶさ》に簿書《ぼしょ》（文書）の為《ため》なり。陛下は日昃《にっそく》（昼夜）に維《こ》れ勤むるに、守宰（官僚）の風化（政治）は欠くること多し。

と、官吏の現実を鋭く批判する。俗吏は苛刻のやりかたを明察（はっきりと見通すこと）だと心得て、下民を収奪し上官に誠を尽くす。高所に立って考課すべき役人も、人民を撫育《ぶいく》すべき宰相も、もっぱら文書が整っているかどうかに関心があるだけだという主張は、きわめて激烈である。

この文章は武則天が親しく臨試する場で書かれた。張説は臆することなく見解を述べたのである。武則天は自己の権力基盤を確立するために、告密の門を開き酷吏の横暴を許して、唐室につながる旧勢力を排除する一方で、まだ手垢の付いていない新興知識階層を積極的に登用した。はばかりも気後れもなく本質的問題点をえぐりだす論調は、おそらく彼女の嗜好にかなっていたと思われ、例えば嗣聖元年（六八四）、進士陳子昂は「霊駕《れいが》の京に入るを諫むる書」「政理を諫むる書」を武則天に上呈して召見の栄に浴し、麟台正字《りんだいせいじ》（秘書正字）に任じられた。彼の文章は鋭い批判意識と激越な筆鋒に満ちている。武則天はいま天子として人材登用の場に臨んでいるわけであるが、彼女はわが眼で張説の才気を確認して、及第を与えたのである。

『大唐新語』「文章」には、武則天が臨試して張説の対策を天下第一としたものの、近年久しく甲科（第一等）を与えなかったという事情を考慮し、下《くだ》して第二等としたが、その答案を尚書省に複写させて朝臣や外国の賓客に配布し、大国が賢人を得た美事を広く示したとある。また、彼の対策の中の警句は、

昔三監翫常、有司既糾之以猛。
今四罪咸服、陛下宜済之以寛。
（昔《むかし》　三監《さんかん》　常《じょう》を翫《もてあそ》び、有司《ゆうじ》　既《すで》に之《これ》を糾《ただ》すに猛《もう》を以《もっ》てせり。
今《いま》　四罪《しざい》　咸《み》な服《ふく》す。陛下《へいか》　宜《よろ》しく之《これ》を済《すく》うに寛《かん》を以《もっ》てすべし。）

であったという。この句は『全唐文』二二四ではやや異なるが、内容は同じである。これは策問第二道の「政刑の要」を問うことに対する答えであり、周の武王が崩じたのち、殷《いん》の遺民の統治を職務とした三監（管叔・蔡叔《さいしゅく》・武庚《ぶこう》）が反乱を起こして周公に平定された故事、および、舜の時代に四凶（共工・驩兜《かんとう》・三苗《さんびょう》・鯀《こん》）を罰した故事を引いて、武周王朝が成立したいま、唐の宗室に連なる三監や四凶のような反逆者はすべて平定されたから、寛仁の心でもって刑政にあたるべきだと言うものである。密告・羅織《らしょく》（罪の捏造《ねつぞう》）や殺戮が横行する暗黒政治からの転換を心から願う、官民の心情を背景にした発言であると見てよい。ただ、この前年、右台御史の周矩《しゅうく》が「周は仁を用《もっ》て昌《さか》え、

秦は刑を用て亡ぶ」と諫め、武則天は次第に酷吏を排除するようになったと『新唐書』「酷吏伝」序に言う。張説が「猛」を捨てて「寛」を取れと説得するのは、周王朝をモデルに国号を周と定め、聖なる天子としてそろそろ酷吏を始末しようとしていた武則天の思惑《おもわく》にもかなうものであり、時機を見るに敏なる彼の目は、巧みな対句構成の文章技術とともに、きわめて確かなものだったと言える。

二十五歳の張説の官界への登場は、かくも鮮やかだった。しかし、ここに至るまで、彼がどこで何をしていたかは分からない。『張説年譜』では、張九齢の「張公墓誌銘」に「越えて諸生《しょせい》の中に在り、已に雲霓《うんげい》を絶《わた》るの望み有り」とあるのを根拠に、張説は洛陽の太学《たいがく》に在籍したのではないかと推定する。「諸生」は、学生の意。「雲霓を絶る望み」とは、栄達への強い願望を表す。

立身願望と張説の理解者

張説「鳳閣舎人に与うる書」は鳳閣（中書省）舎人の某《なにがし》に宛てた書簡で、自分を引き立ててほしいと要請する内容である。制作年代は不明ながら、彼が官僚社会に足を踏み入れてほどないころのものと思われる。その内容を見てみよう。

彼は冒頭「范陽の張説、謹みて鳳閣舎人公足下に上《たてまつ》る。窃《ひそ》かに高義の遠きを聞き、下風《かふう》に託せんと願うこと之を久しうす。気は同じきを以て求め、音は賞（鑑賞する人）の為に奏ずるに非ざるよりは、此《これ》より降《くだ》りて已往《いおう》は、復《ま》た何をか云々《うんぬん》せんや」と書き起こす。彼は「同声は相応じ、同気は相求む」（『易経』「乾・文言伝」）という孔子の言葉を踏まえ、同気・同音の者の交際よりレベルの低い人間関係は云々するに値しないと前置きするのである。そして、「飛英子《ひえいし》」（花びら）と「霊風子《れいふうし》」（風）という仮想の人物を登場させ、次のように述べる。

昔、飛英子　深林に処《お》り、溝壑《こうがく》（谷間）に俘転《ふてん》（囚われさまよう）する有り。霊風子　大塊《たいかい》（大地）より出でて、将《まさ》に雲霓《うんげい》（大空）に猟せんとするに遇う。飛英子　焉《これ》に遊《ゆう》せんと思欲《しよく》し、袂《たもと》を揚げて大呼し、倶《とも》に載《の》せられんことを請う。霊風子　其の人を知らず、怒気し視叱《ししつ》（にらんで叱る）して之を還《かえ》らしむ。飛英子曰わく、「吁《ああ》、子《し》（あなた）は至公（最高の公正）に非ざるなり。夫《そ》れ至公なる者は、義を以て之を求め、仁を以て之に与う。況《いわ》んや乃《すなわ》ち余《あま》り有るの資に仮《か》り、階（よるべ）無きものの望みを済《すく》い、不費《ふひ》（見返りを期待しない）の恵みを施し、将に墜ちんとするの魂を振《ふる》うをや。子は濫吹《らんすい》（いいかげんに人を推薦する）せず、我には苟進《こうしん》（いいかげんに出世を願う心）なし。此れ徳を種《し》くなり。夫《そ》れ何をか拒まんや」と。霊風子曰わく、「請う教えを受けん」と。遂に相与《あいとも》に翻飛《ほんぴ》して行き、搏扶《はばたき》して上り、綺閣《きかく》（うるわしい宮殿）を経《へ》、瑶台《ようだい》（美しいたかどの）に集い、芳を万里に簸《あお》り、景を万仞《ばんじん》（空高く）に騰《あ》ぐ。既にして霊風子には卒《つい》に徳色（恩を施したという思い）なく、飛英子にも私心なし。今　明公（あなたさま）は清風の資に拠《よ》り、賢者をして飛英の託を獲《え》しむれば、此れ至公なり。

張説はみずからを飛英子に、某舎人を霊風子に比定し、飛ぶ花びらは霊妙な風に乗ってこそ天空を翔《かけ》ることができると述べ、自己の引き回しを請うのである。しかし、霊風子の立場に立つ者に恩を施したという思いがあってはならず、飛英子の身分の者に個人的な打算があってはならぬとも主張する。義心によって賢者を推薦することこそが最高の公正なのだとするこの文章には、辞を卑《ひく》くし頭をたれて要請する卑屈な態度は見られない。新興官僚階層の立身への軒昂《けんこう》たる意気込みが、強く表れているのである。この軒昂たる意気が、盛唐を開くのである。ただ、この上書が効果を上げたかどうかは定かでない。

張説が若いころに目をかけてくれた人物の一人に魏克己《ぎこくき》がいる。『旧唐書』「列女」にある宋庭瑜《そうていゆ》の妻の魏氏の伝に、「初め中書令張説、年少《わか》き時、克己の重んずる所と為る」と記される。宋庭瑜に嫁いだ魏克己の娘が、夫が地方官であるのを恨んで張説に書を寄せ、亡父と張説のかつての交遊を述べ、夫の中央官への転任を要望した文脈の中にこの条がある。魏克己（一名は帰仁）は隋の著作郎魏彦深《ぎげんしん》の孫で、上述の「宋庭瑜妻魏氏伝」には、「父の克己は詞学あり、則天の時に天官侍郎と為る」と記されている。彼は吏部侍郎（正四品上）まで昇ったのである。

『大唐新語』「公直」に、魏克己の人柄を語る記事がある。左僕射劉仁軌《りゅうじんき》は言葉を弄《もてあそ》んで訴訟人の歓心を得ようとする人物で、時に戸部員外郎だった魏克己の審決は劉仁軌と一致しないことが多かった。克己は「異方《とつくに》の音は人の心に入らず、秋蟬の声は徒《た》だ人の耳に聒《かまびす》しきのみ」と、劉仁軌の言葉を外国の音楽や秋の蟬の鳴き声にたとえて聞き流し、自分の決定を変えなかったので、劉仁軌は「痴漢（わからずや）克己！」と罵ったとある。宰相である左僕射の権勢をもはばからない、剛直な人物であったようだ。魏克己と張説の交遊のありさまは明白ではないが、『張説之文集』巻一の「虚室賦《きょしつふ》」の後には吏部侍郎魏仁帰（仁帰は、帰仁の誤り）の「宴居賦《えんきょふ》弁序」を載せる。その序には、「張校書、虚室賦を作りて以て予に示さる。文旨は清峻《せいしゅん》、元義（すぐれた精神）は深遠なり。予、之を味わいて感ずること有り、聊《いささ》か宴居賦を為《つく》りて以て之に和す」とある。張説の太子校書の時期は、二十代後半にあたる。魏克己はまた学問の人でもあった。『旧唐書』「経籍志」・『新唐書』「芸文志」に『孝経注』一巻が録されている。剛直で学識に秀でた魏克己が張説を重んじたということは、両者に響きあう共通性があったのであろう。

元懐景《げんかいけい》（?―七二二）も、若いころの張説の才能を見抜いていた一人であった。『太平広記』一七〇「知人」には『定命録』を出典として、張説が若いころ、元懐景は彼が必ず出世するだろうと予見し、娘を嫁がせた。のち張説は宰相となり、その息子は公主の婿となり、娘は三品の高官の夫人となったという話を載せる。「唐故左庶子贈幽州都督元府君墓誌銘」（『全唐文』二三二）は、張説が岳父元懐景のために書いたもので、それによると元懐景は隋の右衛大将軍元冑《げんちゅう》の孫で、弱冠にして国子学から進士に及第したという。官は開元の早い時期に太子左庶子に至り、武陵県男に封じられ、諡《おくりな》を文といった。張説はこの墓誌銘の中で「学は群芸を綜《す》べ、詞は精微《せいび》を擅《ほしいまま》にす」と記す。元懐景も学識の人で、『新唐書』「芸文志」に『漢書議苑』と『属文要義《しょくぶんようぎ》』十巻が録されている。

張説は軒昂たる意気込みで官僚社会に登場してきた。彼に深い学識があったことは、魏克己や元懐景らの評価のみならず、学士としての後年の活躍からもうかがわれるのである。

3　剛直と巧詐と――時局への対応

武則天への意見書

玄宗の開元の治が幕をあげるまで、帝室は混乱の中にあった。武則天の登極とその老衰にともなう権力構造の激変、中宗を毒殺し専制をもくろんだ韋后、武則天ゆずりの気象で権力掌握を図った太平公主など、「女禍」は帝室に深くわだかまり、多くの中朝の官僚たちは、明日の見通しのない状況に身の振り方を定めかね、右往左往しつつ栄達の道を模索していた。張説もこの時代をかいくぐって、自己の将来を定めたのである。この章では、困難な局面に張説がどのように対処して行ったのか、それはまた彼のどのような性向によるものかについて見ていこう。

久視元年（七〇〇）七月、右補闕《うほけつ》であった張説は、「三陽宮に避暑するを諫むる疏」を上呈した。洛陽郊外の三陽宮に避暑に来ていた武則天が、秋になっても帰洛しないのを諫めたものである。

この疏（上奏文）は、三陽宮にいつまでも滞在するべきでない理由を四つの点から述べている。それは、三陽宮は深い山谷にあって秋の大水が起これば物資輸送ができなくなること、狭隘《きょうあい》な山域に大人数が入り込んで住民の生活を圧迫していること、宮殿・庭園の造営は山川の気に影響を及ぼすこと、険阻《けんそ》な地勢を利用して凶人が来襲する危険性があることの四点である。そして、視野を一転させて全国土に及ぼし、南北の夷狄《いてき》が辺境をうかがい、関西（陝西《せんせい》省）や安東（江蘇《こうそ》省）方面の災害への手当が不足している現実を説き、不急の労役や無用の出費を省くよう建議する。

文章は四言句がベースになっているものの、長短句をまじえて自由なリズムを持ち、何よりも典故に多くを頼らない明快な論理展開に特徴がある。最後の部分を示しておこう。

武則天（『歴代古人像賛』）

臣《わたくし》自ら度《はか》るに、芻議《すうぎ》（下賤の者の意見）は十に一も従われず。何となれば、盤遊《ばんゆう》（行楽）の娯しみを沮《はば》み、林沚《りんし》（山水）の翫《たの》しみを間《へだ》て、遠図《えんと》（遠いはかりごと）を規《はか》りて近適《きんてき》（身近な楽しみ）に替《か》え、後利（後の利益）を要《もと》めて前驩《ぜんかん》（目前の快楽）を棄つるは、未だ明主の心に沃《そそ》がざるうちに、已《すで》に貴臣の意に捩《もと》ればなり。然《しか》れども　臣　血誠（まこと）もて密奏して死を愛《お》しまざるは、陛下の言責の職に負《そむ》くを願わざるのみ。

「言責の職」とは、張説が任じられている右補闕を指す。彼は諫官としての使命に燃えて、絶対権力者武則天に意見を申し述べたのである。『新唐書』「武三思伝」によれば、三陽宮は、洛陽城中にいることを厭《いと》う高齢の武則天の歓心を買おうと、武三思が巨万の工役を費やして嵩山《すうざん》に造営した離宮である。張説の疏に「下賤の者の言論は、明主の心にしみ込みうるおす前に、貴臣の意に逆らって明主に届かない」とある「貴臣」は、武三思を含む貴戚を指すのは明らかである。張説の批判は、ひそかに彼らに向けられているのである。

この疏は、彼の予測に違わず、武則天に受納されなかった。しかし、両唐書「張説伝」にこの疏が収載されるのは、内容の正当性や表現の明晰性《めいせきせい》は言うまでもなく、何よりも官人として時局を見通す眼の確かさが評価されたからだと考えてよい。

魏元忠冤罪《えんざい》事件

長安三年（七〇三）九月、張説にとってきわめて重大な局面が訪れる。その事件の概要を記そう。事件の発端は、御史大夫の魏元忠《ぎげんちゅう》が、張易之《ちょうえきし》・張昌宗《しょうそう》兄弟の傍若無人な振舞いに対して公衆の面前で怒鳴りつけて恥をかかせ、武則天に向かって「私は先帝や陛下のご恩を受けていながら、忠節に殉《じゅん》ずることもできず、張兄弟のような小人が陛下のお側にいるのを許しています。これは私の罪です」と上奏したことにある。張兄弟はその恨みを晴らそうとして、「魏元忠は太平公主の愛人である司礼丞（司礼寺という役所の次官）の高戩《こうせん》と謀反をたくらみ、若者を集めて固い同盟を結び、不穏な動きをしています」と告発したのだった。『旧唐書』「張説伝」を見よう。

この時、麟台監《りんだいかん》の張易之が、その弟の張昌宗とともに、御史大夫の魏元忠を無実の罪に落とそうと図り、元忠は謀反をたくらんでいますと申し立て、張説を立ててその事実を証言させた。張説は武則天の御前に至り、「元忠は実は謀反を企ててはおりません。これは張易之のでっち上げです」と声高に申し上げた。元忠はおかげで死刑を免れ、張説は武則天の意向に逆らった罪で欽州《きんしゅう》（広西壮族自治区欽州県）に流された。

張説は欽州に流されたが、その一年余ののち、張兄弟は誅殺されて中宗が帝位に復し、張説は召還されて兵部員外郎となる。大室幹雄氏は『遊蕩都市』（三省堂、一九九六年十二月）序章において、反張兄弟の党争は四次にわたって起こり、魏元忠・張説がからんだこの紛争は第一回目であったとされる。武則天の寵愛をあつめる張兄弟の陰謀に、敢然と抵抗した張説の行動は、次のように、のちに中宗や玄宗から親しく称賛されている。

卿《そなた》は、節操は冬の松より強烈で、心は強風に負けない草をもなぎ倒す。……凶悪な張兄弟の威勢に屈せず、ひとり忠正剛直の節を尽くした。

（中宗「答張説譲起復黄門侍郎制」）

張説が死ぬと、玄宗は親しく神道碑（墓道に建てる碑）の文を書いた。そのあらましは次の通り。

公は義を為すを重んじ、死さえ辞さない。罪なき人を帝前に弁護し、皇帝の心に逆らった。左右の者は公の為に恐れあえいだが、公は張り合って論争し、魏元忠の魂を生き返らせ、太子を陥《おと》し穴から救出した。人はこの行ないを評して、義は生命より重いと言った。このために欽州に流されたのは、正義を守ったからである。

（『大唐新語』「褒錫」）

張易之は「魏元忠は陛下の病気に乗じて、太子を擁立して長久の計（つまり、唐王朝の復活）を画策しています」とも告発していた。この時の太子は中宗である。親族をも死に追いやった武則天のことだから、事の成りゆきによっては、中宗は生命の保証がなかった。「太子を坑陥《こうかん》より出だす」と玄宗が表現したように、張説の証言のおかげで死地を脱した中宗にとって、張説はまさに命の恩人なのであった。

事件に対する張説の態度—剛直

ところで、この張説の証言に関して、つまり、彼が証言台に立つ経緯について、後世の記録に異同があり、それが張説の人間的評価にからむ要素があると思われるので、いささか煩雑にわたるのを承知の上で、それを押さえておこう。

『旧唐書』「魏元忠伝」には、張易之の偽証依頼に応じた理由とその証言に至る態度について、「説《えつ》、初め偽りて之を許す。則天 説を召して験問《けんもん》するに及び、説、元忠は実に此の語なしと確称す」と記される。「此の語」とは、魏元忠が太子を奉じて長久の計を為そうと図ったという、その言葉。張説は、魏元忠を構陥するための張易之の証言依頼を「偽って」許諾しておき、武則天の前では張易之の思惑と反対の真実を証言したのである。張説が偽って証言を承知したというのは、話を持ちかけた張易之が、張説ならば自分の思惑通りの証言をしてくれるはずだと見込んでいたこと、張説のほうは、偽って証言を引き受けておいて実際には真実を話し、張易之に打撃を与えようと目論《もくろ》んでいたことを示すだろう。

一方、『旧唐書』「宋璟《そうえい》伝」には、

張説は武則天の御前に入って申し開きをする段になって、惶惑迫懼《こうわくはくく》（慌《あわ》て迷いびくびく）した。宋璟は、「名と義とはきわめて重いもので、天の神は欺くことはできない。邪悪に味方し正義を陥れて、苟免《こうめん》（その場逃れ）をしてはなりません。帝意に逆らって左遷されるのは、名誉なことです。もし不測の事態になれば、私は必ず宮門を叩いて君を救うし、君とともに死にもしましょう。努力されよ、君が後世から仰ぎ見られるのは、この挙にかかっています」と説得した。張説はその言葉に感じ、御前に入って魏元忠を守り、元忠はついに死刑を免れた。

という記事がある。武則天の御前で証言を迫られ、恐れまどう張説に向かって、宋璟は正義の道を説いて激励し、張説もその言に感じて張易之のたくらみを打ち砕いたというのである。宋璟の言葉はまことに懇《ねんご》ろである。しかし、宋璟がこれほど懇ろに士人の道をさとし励ますのは、張説の証言態度に危惧《きぐ》の念を抱いたからに他ならない。武則天の前に出ようとして「惶惑迫懼」する張説の姿に、宋璟は武則天の意向に屈して張易之に加担する張説の危うさを感じたのである。「邪《じゃ》に党《くみ》して正を陥れ」て「苟免」をしてはならないとは、まさにそれを見透かしての発言なのである。

こうしてみると、「魏元忠伝」と「宋璟伝」とでは、異なった張説像を描いていることが分かろう。それは、武則天の御前で彼女が寵愛する張兄弟にダメージを与えようとする剛直な張説と、権貴の言うなりになる軟弱な張説、という二つの姿である。もとより、「魏元忠伝」においては、事件の被告たる彼が張説の証言によって窮地を脱したという事実が重要であるのに対し、「宋璟伝」の場合は、この事件において示された宋璟の士人としての見識を強調する必要があるという、それぞれの事情の違いはあるにしても、張説の人間性自体に何かの問題がない限り、このような二様の張説像は結ばないだろう。

他の資料を参照しよう。『大唐新語』は成書としては最もこの事件に近いものである。「剛正」篇では、張説は証言を促されたが「気逼《きひょく》を佯《いつわ》りて応ぜず」―心が追いつめられたふりをして応答しなかったので、魏元忠が恐れて「張説は易之とともに魏元忠《わたし》を羅織《おとしいれ》るのか」と叫ぶと、張説は「魏元忠は宰相たりて、委巷《ちまた》の小児《こぞう》に羅織《らしょく》せらるるの言あり。豈《あ》に大臣の所謂《ことば》ならんや」と叱責し、武則天の尋問に対しては、「臣《わたし》は（魏元忠の謀反の言を）聞かざるなり」と答えた。そして、もくろみが狂って「張説は元忠と同《とも》に逆す」と武則天に訴える張易之に反論を展開したのち、彼は自分の立場や態度について、次のように述べた。

　易之は私が同姓の一族であるために私に頼んで仲間にしようとしたのです。易之に味方すれば三公・宰相となる望みがありますが、元忠に味方すれば一族皆殺しの形勢に陥ります。私があえて御前で偽証しないのは、（無実の罪で殺される）元忠の恨みの魂を懼れるからです。

三公の地位への望みを捨て、一族が誅殺される危険を犯しても、武則天の面前で真実を語るのは、魏元忠の冤罪を晴らしたい一念からだというのは、まさに「剛正」の精神そのものである。

事件に対する張説の態度—巧詐

ところが、『唐会要』六十四「史館下・史館雑録下」にもこの事件の顚末《てんまつ》が記されていて、内容は前引の『大唐新語』とやや異なる。それによると、張易之兄弟が張説に証人となることを求めたところ、張説は最初は許諾しなかったが、兄弟は美官を与えると約束し、かつ、脅迫したので、張説は「偽って其《それ》を許し」たという。一方、鳳閣侍郎の宋璟は張説が張兄弟の意向に迎合するのを恐れ、「大丈夫は当《まさ》に死を守りて道を善《ぜん》にすべし」と忠告し、殿中侍御史の張廷珪《ちょうていけい》は「朝《あした》に道を聞かば、夕べに死すとも可なり」と『論語』の一節を引き、起居郎の劉知幾《りゅうちき》も「青史（歴史）を汚《けが》して子孫の累《なやみ》と為るなかれ」と諫めた。かくて張説は武則天の前で、張昌宗が自分に偽証を迫ったのだと暴露したのである。なみいる百官が身震いする中で、武則天は有司に対して「張説は傾巧（巧みにへつらう）にして翻覆《ほんぷく》（態度がくるくる変わる）の小人だから、魏元忠ともども拘禁して日を改めて勘問《かんもん》せよ」と命じた。他日、再尋問の場で、張昌宗の懐柔や脅迫にもかかわらず、張説は証言を変えることはなかった。武則天は再び収監させ、宰相と河内王の武懿宗《ぶいそう》に尋問させたが張説の証言は変わらず、諫議大夫朱敬則《しゅけいそく》らの弁護もあって、魏元忠は端州高要県（広東省肇慶市）の尉に、張説は欽州（広西壮族自治区欽州県）に流されただけで済んだのである。

この話で、張説は、張兄弟が美官を餌に証言を依頼するのを、「偽ってこれを許し」たのだという。張兄弟が美官を餌にしたことは、張説の証言の「易之に附せば台輔《だいほ》の望み有り」という言い方からもうかがえよう。張易之は、張説は美官を保証すれば自分の味方になる男だと踏んでいた。

三年前の久視元年（七〇〇）六月、武則天は張兄弟ならびに李嶠らの文学の士に、『三教珠英《さんぎょうじゅえい》』という叢書の編纂を命じ、最初は二十六人のメンバーでスタートし、張説もその中に入っていた。

彼らは仕事の合間に宴をくりかえしては詩を唱和しあっていた。張説には張昌宗の詩に和した「張監の終南山に遊ぶに和す」「張監の赦《しゃ》を観《み》るに和す」という二首が残る。宮廷詩人として張昌宗の作品に唱和したものであるが、張説と張兄弟の親密さの一端をうかがわせる。
だからこそ宋璟・張廷珪・劉知幾ら反張兄弟派の官僚は、張説が張兄弟に迎合する危険性を恐れたのである。彼らも、張説は目先の利益に飛びつく人間だと思っていたからである。さらにまた、武則天は張説のことを、「傾巧・翻覆の小人」だと見ていた。張説像は定まらない。
一方、『唐会要』のこの話の後ろに、割り注の形で「時人の議」が収録されている。

時人　議して曰わく、「昌宗等は禍心《かしん》を包蔵し、遂《つい》に説《えつ》と計議し、大臣を謀り害せんと欲擬《ほっ》す。宋璟等は説の巧詐を知り、良善を損わんことを恐れ、遂に之と言《ものい》い、其《それ》をして内省せしむ。もし説、元来　昌宗の元忠を虚証するを許さざれば、必ずや今日の事なし。乃ち是れ自ら其の咎《とが》を招くも、頼《さいわ》いに通変を識《し》り、禍を転じて福と為す。然らざれば、皇嗣《こうし》は殆《ほと》んど将《まさ》に危うからんとす」と。

時人の評論では、もし張説が最初から昌宗の陰謀に加わることを拒否していれば、この事件は起こらなかった、だからこれは自ら招いた禍いなのだが、張説は幸いにも通（普遍）と変（変則）が見分けられたから、宋璟らの忠告を聞き入れて禍を福に転じたと言うのである。宋璟たちは張説の人柄を「巧詐」と見ていた。「傾巧・翻覆の小人」という武則天の張説像と軌を一にする。このイメージは、朝廷の内外に浸透していたと考えてよい。

それでは、史官はこの事件をどう捉えたのか。『新唐書』「呉兢伝《ごきょう》」には、呉兢が劉知幾と『武后実録』を撰し、この件について、「説《えつ》 已に然可《ぜんか》（承諾）するも、宋璟等の激励すること苦《はなは》だ切なるに頼《よ》り、故に禍を転じて忠と為す。然らざれば、皇嗣は且《まさ》に殆《あや》うからんとす」のように記したとある。これは先に引いた「時人の議」とほぼ同じ内容であるが、これには後日談があり、宰相となった張説がこの記述を読んで不快に思い、しばしば情に訴えて書き替えを求めたが、呉兢は「公《あなた》の情に徇《したが》わば、何ぞ実録と名づけんや」と、にべもなく拒絶したという。呉兢の史官としての矜持が強調された文脈であるとは言え、張説の態度はそれにしても煮え切らない。事実によってではなく「情」に訴えざるを得なかった背後に、彼のうしろめたさが感じられるのである。

呉兢に対する張説の不可解な態度は、『唐会要』六十四の、先に引用した記事の後にも記される。宰相となった張説は史館で『則天実録』の中のくだんの記事を読み、著作郎兼修国史の呉兢に対して、「劉五《りゅうご》（呉兢とともに実録を編纂した劉知幾）は、魏斉公（魏元忠）の事を論じて、殊《こと》に相饒仮《あいじょうか》（容赦）せず、説《えつ》に毒手を与う」と語りかけた。このとき張説は、この記事を書いたのは呉兢であるとすでに調査済みであったのに、呉兢に向かって「劉知幾は容赦なく私に毒手を下した」と鎌《かま》をかけ、暗に記事の書き替えを求めたのである。それに対して呉兢は、「その記事は私が書きました。草稿も残っています。あの世の劉知幾の魂にあらぬ疑いをかけて怒らせ、相公《あなた》に悪いたたりが来ないようにしてほしいものです」と切り返した。

張説はこの後もしばしば記事の数文字を削ってほしいと懇願したが、呉兢は「もし人の情を取らば、何の名ありて直筆と為さんや」と、拒絶し続けたという。張説は呉兢の記事を、宰相となった現在でも自分に突きつけられた毒手だと思い、書き替えを願っていたのである。書き替えるべき数文字とは、張説が張兄弟の証言要請を承諾したこと、あるいは、張兄弟が美官を餌に張説を誘惑したことに関する内容であろう。史官の記載は自分の不名誉であるだけでなく、末代にも及ぶ「子孫の累《なやみ》」となるからである。

ところで、『張説年譜』十八頁には、張兄弟が張説を誘引して魏元忠の謀反を証言させようとしたのは、張説と魏元忠のそりの悪さに原因があるのではないかと記される。その根拠は次の二点にあるという。

(1)『旧唐書』「王晙《おうしゅん》伝」―朔方軍元帥魏元忠は賊を討って利を失い、その罪を副将の韓思忠《かんしちゅう》にかぶせ、誅殺すべしと上奏した。羽林軍（近衛軍）の将校だった王晙は、韓思忠は全軍の統帥権のない偏将《へんしょう》（部隊長）に過ぎず、また、智勇に優れた人物であるところから、廷議して争った結果、韓思忠は赦免されたものの王晙は渭南《いなん》（正しくは永昌）の令に出された。
⑵張説の「王晙の羽林より永昌の令に赴くを送る」詩は、韓思忠を弁護したために羽林軍から永昌県令に出される王晙を送別するものであるが、その詩の中に「剛腸《ごうちょう》の誉れに負《そむ》かず、還《ま》た強項《きょうこう》の名を追う」という句があり、張説は王晙の剛直と強情を称賛している。

つまり、⑴からは魏元忠の無責任・卑劣さが、⑵からは王晙の剛腸・強項に共感し称賛する張説の心情が読み取れるわけで、結局、魏元忠と張説はそりが合わず、そのことが、張兄弟の魏元忠に対する証言依頼を張説に承諾させた理由ではないかと結論づけるのである。

しかし、『張説年譜』のこの推測は、おそらく当を得ていない。張説はこの事件の前年の長安二年（七〇二）五月、并州道行軍大総管魏元忠の判官として突厥防御のために出征し、秋に帰還して鳳閣舎人に擢《ぬき》んでられる。彼は魏元忠のために「魏元忠の為に作れる石嶺の戦亡の兵士を祭る文」「魏元忠の為に作れる石嶺の没陥の士女を祭る文」を書いてもいる。張説は生涯しばしば戎幕《じゅうばく》に赴き、赫《かく》たる戦果を挙げるという武人としての側面を持っている。苦楽をともにした魏元忠を、帰京して一年後に誣告《ぶこく》するたくらみに加担するだろうか。

また、『新唐書』「王晙《おうしゅん》伝」には、次のような話がある。張兄弟が魏元忠を誣告したとき、王晙はひとり上疏して再審理を願い出ようとした。宋璟が「魏公は無事だ。今そなたが再び逆鱗《げきりん》に触れるようなことをすれば、かえってそなたが危うい」と忠告すると、王晙は「魏公は忠を以て罪を得たり、苟《いやし》くも弁ずるを得ば、死すと雖《いえど》も悔《く》いず」と答えたという。王晙の面目躍如たるエピソードであるが、張説が敬意を抱く王晙は実は魏元忠の弁護者なのである。

さらに、のちの開元四年（七一六）、張説は左遷された岳州の地で「五君詠」を作り、魏元忠・蘇《そ》瓌《かい》・李嶠《りきょう》・郭元振・趙彦昭《ちょうげんしょう》の五人の故友をしのび、彼らの生前の功績を称えている。魏元忠への思いは彼の没後まで消えなかったことになる。こうしたことから考えれば、張説は魏元忠とそりが合わなかったとする『張説年譜』の推測には無理があることが分かろう。

では、張説が張兄弟の証言要請を許諾したのはなぜなのか。そして、自己の破滅をも顧みず、魏元忠の擁護をしたのはなぜなのか。明確な解答は見つからない。これまで挙げてきた資料を総合してみると、彼は「剛直」と「巧詐」という、相反する方向に評価される側面を持っていたことになる。張兄弟や武氏一族という成り上がりの権倖《けんこう》がわが世の春を謳歌する武周政権の底辺で、きわめつきの寒門の出である張説が身を処していくには、剛直と巧詐との間を「翻復」するしかなかったのか。

後世の歴史家の眼から見ると、この魏元忠誣告事件は、正義派官僚による反張兄弟抗争の第一ラウンドであった。ここで結果として重要な役回りを演じた張説は、その当座は自分の証言が張兄弟を打倒する第一歩になるとは夢にも思っていなかったであろう。したがって、彼が張兄弟の依頼を受諾したのは、むしろ高官・美官という甘餌が目の前にちらついた末の、軽々なる判断によるものであったかもしれない。不思議なことに両唐書「張説伝」では、張説が証言を許諾した事情について、それが利益に目が眩《くら》んでのことか、騙《だま》されたふりをして張兄弟に反撃を加えようとしたのか、まったく触れていない。張説の評価にからむ微妙な事柄であるためだろうか。

官僚としての信念の確立

いずれにしても、長安三年のこの事件は、のちの張説の生き方において大きな意味を持つことになった。彼は女帝武則天の前で敢然と張兄弟に反撃した。それは武則天の意に反することでもあった。武則天は再尋問を他日に期して張説を収監させたのであるが、その拘禁の間、張説には武則天の密旨や張兄弟による強圧的な翻意の工作が行なわれたであろう。しかし、再度の証言に立った彼は、武則天を前に証言を翻《ひるがえ》すことはなかった。さらにその後、獄中で宰相と武懿宗による第三回目の鞫問《きくもん》があったが、張説は態度を変えなかった。族滅の危機に身を置きながら、彼は毅然として信念を曲げることはなかった。佞倖《ねいこう》の権貴と正義派官僚との抗争のはざまで、身を正義派官僚の側に傾けた張説は、この時点で士大夫としての自己の像を確立したと言えるのである。

張兄弟は魏元忠を懼《おそ》れ憎んでいた。そこで魏元忠が謀反をたくらんでいますと誣告《ぶこく》したのである。謀反は大罪である。証言に立った張説は、最後まで武則天や張兄弟の意に反する態度を堅持した。にもかかわらず、権力者たちは被告人グループを死罪にはできなかった。この事件は、武則天や張兄弟の威勢に確かな陰りが見えたことを天下に知らしめた。かくて、第二弾・第三弾の党争が正義派官僚から仕掛けられ、武則天体制そのものも崩壊してゆく。反張兄弟抗争第一幕の主役は紛れもなく張説なのであり、武則天の高齢化による体制の緩みという客観状況があったにしても、張説の剛直な態度が武則天政権を傾ける第一の矢となったわけである。

開元の時代になって張説がこの事件を回顧したとき、彼は自分の果たした役回りが歴史の転換にいかに大きな意義を持っていたか、よく分かったに違いない。「五君詠」で魏元忠のことを「心に甘しとして君の悪を除かんと欲《ほっ》するは、以て先帝（高宗）に報いるに足る」と称えていることからも、それが窺われるだろう。しかし、呉兢らが撰した実録には、張説が最も触れてほしくないこと、つまり、彼が張兄弟からの証言依頼を承諾した経緯が記されていた。彼が数文字を書き改めてほしいと呉兢にしばしば求めたのは、それが族滅をも賭して打ち立てた正義派という金字塔に、消えることなく残る汚点だからなのである。

この事件を通じて浮き彫りにされたのは、「剛直」と「巧詐・傾巧・翻復」という、方向を異にした張説への評価であった。実録の数文字を書き改めてほしいと呉兢に求めたのは、後者の評価から脱却したいという一念による。ただ、後者の評価には、他者の立場・心理などを推し測って、それに合わせて自己の行動を設定するという性向をも含むと考えられ、その方向であるならば、こののちの張説の人生の中でもしばしば垣間見られるのである。

この事件には後日談がある。張説は朱敬則や蘇安恒《そあんこう》らが側面から諫争してくれたおかげで、死刑にはならず欽州に流されるだけで済んだ。長安四年に欽州に着いた張説は、「陳氏に蔵《かく》れ」たという。陳氏という土地の有力者に身を預け、世人の目から姿を消してしまったというのである。これはどういうことなのか。

『旧唐書』「韋陟伝《いちょく》」に次のような話がある。韋陟の弟の韋斌《いひん》が安禄山の賊軍に捕えられたとき、宰相の楊国忠《ようこくちゅう》は韋陟が賊に内通していると誣告し、吏卒《りそつ》に監視させ脅迫して憂死させようとした。土地（四川省平楽県）の豪族は心配して、「昔、張燕公は追放され、陳氏に隠れて危機を逃れました。今もし（死罪に処すという）詔が届いても、再審の申し立てようがありません。軽舟に乗って蛮人の住む洞窟に赴き、事が収まるのを待つのがよろしいでしょう」と勧めたが、韋陟は「私は代々信義をもって国朝に仕えてきた人間だ。刑を逃れることはすまい」と断ったという。この話からすると、張説が欽州の陳氏にかくまわれたのは、武則天から死を賜わる旨の詔が届いたり、張兄弟の魔の手が及ぶのを警戒するためだったことが分かる。軍略家としても秀でていた張説の周到な計算が働いているのである。

4　玄宗への忠誠

母の服喪のための辞職

神竜元年（七〇五）、中宗の復位とともに張説は欽州から召還され、兵部員外郎（従六品上）となり、兵部郎中（従五品上）に昇進し、景竜元（七〇七）年には工部侍郎（正四品下）となった。きわめて順調な昇進である。この年十一月、母の馮氏《ふうし》が洛陽の康俗里の私邸に没し、張説は職を去って喪に服する。景竜三年（七〇九）三月、中宗は張説に黄門侍郎として起復するよう詔を下すが、彼は、父の張騭《ちょうしつ》の没後、遺された孤児の養育に生涯を捧げた母なるがゆえに、足かけ三年ではなく満三年の喪を全うしたいとしきりに上表して固辞する。当時は礼俗が軽薄になり、士人は奪服《だっぷく》（服喪期間途中の任官）の詔を名誉とするのが一般であったが、張説は服喪を全うし、天下の人々はその高節をたたえたと『新唐書』本伝に言う。「奪服」の詔は、かつての魏元忠事件において張説のおかげで死地を脱した中宗（当時の皇太子）の厚意によるのだろうが、彼はそれを固辞した。それは、母に対する孝心による。張説は服喪中、みずから「景竜の年、家艱《かかん》に属《あた》る。季兄（末の兄）説《えつ》、黄門侍郎に徵《め》さるるも、哀請して拝せず、詔もて服を終うるを許さる。家貧しく、文を傭《やと》われて以て資を取る」（「張炎墓誌銘」）、「景竜三年、家疚《や》みて貧に居る。季弟説《えつ》、詞を鬻《ひさ》ぎて給を取る」（「張徳墓誌銘」）と述べるように、貧困に耐え、文詞を売ってかろうじて家計を維持したのだった。

皇太子の侍読《じどく》となる

服喪を終えて張説は朝廷に復帰した。ほどなくして中宗は韋后・安楽公主に毒殺され、その韋后一派も臨淄王《りんしおう》李隆基（のちの玄宗）のクーデターによって滅ぼされ、睿宗が即位し李隆基が皇太子となった。景雲元年（七一〇）七月のことである。この争乱の時点で兵部侍郎であった張説が何をしたかは不明であるが、新体制の発足とともに張説は中書侍郎（正四品上）に遷った。

八月、張説は洛陽で反乱を起こして敗死した譙王《しょうおう》李重福《りちょうふく》（中宗の子）一派の裁判に赴く。『旧唐書』本伝によると、譙王の反乱に加わって逮捕された残党数百人の尋問に東都留守が手間取っていたために、張説が派遣されたのである。彼は一夜にして譙王の参謀だった張霊均《ちょうれいきん》・鄭愔《ていあん》らを捕獲して状況を把握し、拘禁されていた無実の者たちをすべて釈放した。事態の処理に長《た》けた、能吏としての彼の天分の表れである。睿宗は「そなたはこの獄を審理して、良善を罪に落とさず、罪人を漏らさなかった。そなたが忠正でなければ、どうしてこの処理ができただろうか」とねぎらい、皇太子の侍読（学問の師）に任じた。長く深く続く玄宗と張説の君臣関係は、ここに端を発する。

クーデターによって韋氏を誅滅し、父の睿宗を即位させ、自分は皇太子となった玄宗であるが、父の政権は安定せず、睿宗の妹の太平公主がひそかに帝位をうかがい、玄宗は太平派の環視にさらされていた。『大唐新語』「諛佞《ゆねい》」には、太平公主は沈着で智謀と決断力に富み、二張を誅し韋氏を滅ぼすのに功績があったので、睿宗朝においては、軍国（国政）の大事はすべて宰相が公主の邸に参上して決裁を得た後に上聞したとある。宰相も多数が公主派に属し、「玄宗は孤立して無援」であったとも記される。

張説はこの時局を的確に把握して太子を補佐し、太子の固い信頼を獲得してゆく。『旧唐書』后妃下「玄宗元献皇后《げんけんこうごう》楊氏伝」には、次のような話がある。

玄宗皇帝（『歴代古人像賛』）

后は景雲元年八月に選ばれて太子の宮に入った。時に太平公主が権力を握り、とりわけ太子を憎んでいた。東宮の側近たちも二心をいだき、内心で太平に味方する者はひそかに太子の行動を伺い、どんな些細《ささい》なことでも公主の耳に入れ、太子は心の休まる暇もなかった。后はそのとき妊娠していた。太子はひそかに張説に「あの権力者は、わたしに嗣子が多く生まれるのを望んでいない。おそらく禍いがわが妻に降りかかるだろう。どうしたものか」と言い、内密で張説に堕胎薬《だたいやく》を運ばせた。太子は奥の間でみずから薬を煎じ、煙が立ち昇ってうとうとして眠くなったとき、神人が薬鍋をひっくり返すのを夢に見た。目覚めると夢に見た通りになっていて、同じことが三回起こった。太子は不思議に思って張説に話した。張説は、「これは天命です。短慮はなりません」と答えた。

この話は『新唐書』后妃伝上にも簡略化して収められているが、両者ともに基づくのは『次柳氏旧聞』(『太平広記』一三六に『柳氏史』として引用)の記載である。それには、薬を煎じる太子の夢に現れたのは身長一丈余の金甲(金のよろい)をまとった神人で、手にした戈《ほこ》で薬鼎《やくてい》を三度くつがえしたという、伝奇小説風の描写がある。両唐書「后妃伝」はそのような脚色を拭い去っている。また、『次柳氏旧聞』では、張説が太子の夢の話を聞き、「これは天命です」と祝賀したという段に続けて、

その後、元献皇后は酸っぱいものが食べたくなり、玄宗はまた張説に話をもちかけた。張説は経書のご進講をするたびに木瓜(ぼけ)を袖に入れて献上した。ゆえに開元中の玄宗の恩沢は、張説に並ぶものはいなかった。

と記す。張説は、東宮内に深く張り巡らされた太平派の監視網の中で、堕胎を決意した玄宗夫妻の危機に立ち会い、天命に託して堕胎を思い止まらせようとしただけでなく、元献皇后（当時は良《りょう》媛《えん》）のつわりの緩和の手助けまでした。このとき生まれたのが後年の粛《しゅく》宗《そう》で、玄宗・粛宗父子はともに張説を深く徳とした。また、皇后楊氏は開元中に寧親公主を生むが、張説の旧恩にむくいるべく、この公主はのちに張説の次子の張《ちょう》垍《き》に降嫁している。

太平公主派の策謀は日ましに激しくなった。『大唐新語』「匡賛」には、太平派の動きに惑わされる睿宗に対して進言した内容が記されている。

景雲二年二月、睿宗は侍臣に向かって、「呪術者が五日以内に禁中に兵乱があると言った。わたしのために備えてくれ」と。側近は顔色を失い、答える者もなかった。張説は御前に進み出て、「これは姦《かん》者《じゃ》のたくらみで、太子を動揺させせようとしているのです。陛下が太子に監《かん》国《こく》を命じられれば、君臣の分が定まり、不敬の道は自然に絶え、禍いは生じません」と述べた。睿宗は大いに喜び、即日、皇太子に詔して監国させた。

監国とは、太子に国政を監督させること。中書侍郎・同中書門下平章事（宰相）であった張説は、不穏分子の陰謀を防ぐためには、皇帝権力の継承関係を明確にするのがよいと進言したのである。

姚崇・宋璟・郭元振らの実力官僚もそれに同調し、睿宗は皇太子に監国を命じた。

しかし、太平派の巻き返しはただちに開始された。景雲二年十月、やむなく睿宗は宰相クラスの移動を発令した。『資治通鑑』によれば、「政教闕《か》くること多く、水旱災いを為し、府庫は益《ます》ます竭《つ》き、僚吏は日に滋《しげ》し。朕《ちん》の薄徳《はくとく》と雖も、また補佐才に非ず」というのがその理由で、中書令韋《い》安石《あんせき》は尚書左僕射・東都留守、兵部尚書郭元振は吏部尚書、侍中竇懐貞《とうかいてい》は左台御史大夫、左台御史大夫李日知《りにっち》は戸部尚書、そして兵部侍郎兼太子左庶子張説は尚書左丞・分司東都となり、全員が知政事（宰相職）を免じられた。『資治通鑑』に「みな太平の志なり」というように、竇懐貞以外はすべて反太平派であった。

この後も太子派と太平派の暗闘は続き、政治が煩わしくなった睿宗は先天元年（七一二、この年は景雲三年で、一月に太極、五月に延和、八月に先天となった）八月、帝位を玄宗に譲って太上皇帝と称した。しかし、太上皇帝と皇帝の権限には区分が設けられていた。太上皇帝は朕と称し、三品以上の官を任命し、大刑獄を決し、その処分を「誥《こう》・令《れい》」と呼ぶのに対し、皇帝は予《よ》と称し、三品以下の任官、および徒罪《とざい》を決し、その処分を「制《せい》・敕《ちょく》」と呼ぶというように。この二帝の間隙を縫って、太平派の策謀はいよいよ激化した。羽林軍によるクーデター、宮人による玄宗毒殺の謀略も動き始めた。

先天二年（七一三、十二月に開元と改められる）六月、『資治通鑑』によると、洛陽にあった張説は太平派の不穏な動きを察知し、ひそかに玄宗に佩刀《はいとう》を贈って決断を促した。ほどなく、太平派が七月四日に軍事行動を起こすという情報を侍中魏知古《ぎちこ》が事前に察知して玄宗に通報し、その前日、玄宗は先手を打って太平一派を駆逐し、自前の権力体制を確立したのである。張説は洛陽におりながら太平派の動向を把握し、玄宗に的確な決断を促していたことになる。

睿宗は、はじめ張説の吏幹と学識を見込んで太子玄宗の侍読とした。張説はその期待に十分に応え、玄宗夫妻の窮地を救い、大いなる信任を獲得した。『大唐新語』「匡賛」には、「張説　独《ひと》り太平の党を排せんとして、太子の監国を請い、禍乱を平定し、迄《つい》に宗臣《そうしん》（重臣）と為る」と記される。張説は太平派の攻勢から玄宗を救った最大の功労者だというのである。彼が「開元の宗臣」と評されるのは、中宗・睿宗朝における正義派官僚としての堅忍不抜の精神と、時局の先行きを見通す炯《けい》眼《がん》を持ち、玄宗に深く心を寄せる心意気の結果なのである。

5　軍幕の人—将帥としての張説

武則天朝における従軍

張説の従軍体験は、万歳通天元年（六九六）九月、清辺道大総管に任じられた建安王武攸宜《ぶゆうぎ》の管記（書記官）として、契丹《きったん》の李尽忠《りじんちゅう》・孫万栄《そんばんえい》を討伐するために幽州（北京市一帯）方面に赴いたことにはじまる。時に三十歳であった。この遠征には、初唐の代表的詩人である陳子昂《ちんすごう》（六五九—七〇〇）も建安王の参謀として行動をともにしていた。十月、李尽忠は没したが、孫万栄がその衆を統率し、翌二年三月、清辺道総管王孝傑《おうこうけつ》が率いる前軍を東峡石谷《とうきょうせきこく》に大破し、王孝傑は谷に転落して戦死した。張説は洛陽に馳せ返り、その状況を武則天に報告した。張説の「清辺道大総管建安王武攸宜の為《ため》に利を失するを奏《そう》する表」は、武攸宜のために王孝傑の敗亡を武則天に謝罪する文章である。彼は武則天の問いに対して、王孝傑は果敢に戦ったが後続がなかったために敗亡に至ったという状況を語り、武則天は王孝傑に夏官尚書・耿国公《こうこくこう》の爵位を追贈した。張説が語る王孝傑の奮戦陣没に心を動かされてのことである。武攸宜を大総管とする遠征軍は王孝傑の覆没《ふくぼつ》に震え上がった。四月、武則天はただちに右金吾衛大将軍武懿宗《ぶいそう》を神兵道行軍大総管とし、五月には婁師徳《ろうしとく》を清辺道副大総管として武攸宜の救援に赴かせた。唐軍は契丹の反撃におびえ苦しみながらも、六月、ようやく反乱を鎮圧した。

三月に王孝傑の敗亡を武則天に速報した張説は、再び武懿宗にしたがって冀州《きしゅう》（河北省冀県）に取って返した。彼の「河内郡王武懿宗の為に冀州の賊契丹等を平ぐる露布《ろふ》」はその戦勝報告書であり、「河内王の為に作る陸冀州を祭る文」は、前年（万歳通天元年）十月に孫万栄に攻め殺された冀州刺史陸宝積《りくほうせき》の祭文を、武懿宗に代わって書いたものである。張説は従軍文人としての務めを果たしていた。

張説にとっての初の従軍体験が、彼にどんな思いを生じさせたかはわからない。清辺道大総管の武攸宜は無能な指揮官で、前軍の王孝傑が孫万栄に撃破されると、征討軍は恐怖にかられて漁陽《ぎょよう》から進めなくなった。時に武攸宜の参謀として従軍していた陳子昂は、しばしば方策を献じたが受け入れられず、かえって疎《うと》んじられて軍曹に降格された。陳子昂がその無念さと徒労感を詩に託したことはよく知られているが、後に軍隊統率の才能を天下に示す張説も、おそらくこの臆病な指揮官を肯定的に評価することはなかったであろう。『新唐書』「外戚伝」には武攸宜の遠征について、「師（軍勢）は功なくして還《かえ》る」と記されている。しかし、武攸宜は帰還後に右羽林大将軍に昇任し、のちに中宗の景竜（七〇七―七一〇）年間には右羽林大将軍に転じるが、その「建安王の為に羽林衛大将軍兼検校司賓卿《しひんけい》を譲る表」は、張説が書いている。権力者武攸宜とつながりは消えていない。

一方、武攸宜の救援に赴いた武懿宗も、武攸宜とともに武則天の甥にあたるがゆえに大総管に任じられたものの、武攸宜に劣らぬ懦弱《だじゃく》な人物で、両唐書「外戚伝」によると、彼は賊軍来襲の報を聞いて恐怖にかられ、軍を棄てて逃げようとした。「敵は補給を欠くから、味方の守りを固めれば必ず勝てる」という部下の進言にも耳を貸さず、相州《そうしゅう》（河南省安陽県）まで退却して、賊軍の趙州《ちょうしゅう》（河北省趙県）侵寇を許した。やがて賊将孫万栄が死んで乱が平定されると、武懿宗は脅迫されて賊にしたがった者もすべて謀反人とみなし、生きたまま胆《きも》をくり抜くなどの虐刑に処し、みずからは言笑しながら平然と見ていたという。

その武懿宗のために、張説は「神兵軍大総管の功を論ずる状」を書いて軍功を称えている。「彼は衆《おお》く我は寡《すくな》く、兵《みかた》は怯《おび》え虜《てき》は熾《さか》ん」な戦況下で、武懿宗は「国恩を宣《の》べて以て撫寧《ぶねい》し、愚俗を暁《さと》すに逆順を以てし」て、「朝廷をして東顧の憂いなからし」め、「賞は労を失せず、亦た濫受《らんじゅ》（功なくして賞を受けること）なく、罰は罪を漏らさず、また冤人《えんじん》（恨む者）なし」と、この論功状には記される。史書の記載とはまったく逆の記述であるが、武懿宗が武則天の伯父武士逸《ぶしいつ》の孫にあたる外戚であり、張説の従軍自体が出世を目的とするものでもあり、しかも曲がりなりにも勝利を収めたのであるから、こうした書き方をするしかなかったのである。時に張説は太子校書郎という低級官を得てほどない、駆け出しの文人に過ぎなかったのだから。

この論功状で、張説は河内郡王武懿宗の「至忠の状」三条と「善を為すの迹」五条を列挙する。いわゆる「忠」とは、一、命《いのち》を致《つく》さんと思う、二、能《よ》く果断なり、三、誠　神を感ぜしむ、の三条で、いわゆる「善」とは、一、下に均しくす、二、己《おのれ》を潔《いさぎよ》くす、三、善を詢《はか》る、四、悪を嫉《にく》む、五、伐《ほこ》らず、の五条である。命を投げ出して果敢に戦い、部下と苦労をともにして功績を誇らない、これはまさに将たる者の理想像である。武懿宗はこの八条の要件のどれにも合致しない指揮官だったに相違ないが、張説は武懿宗にこの八要件を当てはめ、優れた人格によって絶大なる軍功を樹立したと賞賛するわけである。宮廷文人として、権貴に対する阿諛《あゆ》の辞であることは言うまでもない。

張説が示した将たる者の条件は、まことに理想的なものと言える。これが張説独自の考え方なのか当時の共通的認識であったのかを判定する根拠は持ち合わせていないが、少なくとも、こののち節度使となってしばしば辺境に遠征する張説には、自己の行動の規範として意識するものとなったであろうことは想像に固くない。

長安二年（七〇二）五月、三十六歳の張説は、弁州道行軍大総管に任じられた魏元忠の判官（属官）として、突厥防御のために弁州（山西省太原市）方面に遠征する。秋に帰還して鳳閣舎人（中書舎人、正五品上）に昇進するが、この遠征で彼がいかなる土地でどのような働きをしたか、詳細は不明である。ただ、『旧唐書』「魏元忠伝」には、「元忠は軍に在っては慎重に守備することに徹し、勝利を得たわけではないが敗失することもなかった」と記されるように、輝かしい戦果は得られなかったようだ。

胡賊の反乱を鎮圧する

張説が次に軍幕に赴くのは、開元六年（七一八）、五十二歳の時である。この春、彼は荊州大都督府長史の任を離れ、右羽林将軍・幽州都督・河北節度使・摂御史大夫の肩書きで、五月に幽州に駐屯した。幽州では軍事行動を起こしてはいないが、孫逖《そんてき》の「張説頌」（『文苑英華』七七五）には、張説が銅や木材の採取、牧畜の振興、米穀の流通を行なって、民生の向上に尽力し、異民族の暴虐を防ぎ、財貨を豊かにしたことを記し、「是れ公《こう》の深計遠慮の致す所なり」と称えている。

開元八年（七二〇）春、彼は右羽林将軍・摂御史大夫・検校并州大都督府長史・持節天兵軍節度使として、再び太原の地に駐屯する。この秋、夏州（陝西省白城子県）に駐屯する朔方軍節度使王晙が突厥の部族千余人を謀略にかけて誅殺した。并州は黄河を隔てて夏州の東方に位置するが、その大同・横野などの駐屯軍の近くには、唐に帰順して居住していた同羅《どうら》・抜曳固《ばつえいこ》などの部落があり、そこにも動揺が起こった。張説はわずか二十人の軽騎を従え、節度使の旗を立ててその部落に赴き、酋帥《しゅうすい》（頭領）を呼び集めて慰撫した。節度副使の李憲《りけん》が張説に書簡を送り、蛮族は信頼できないから軽々しく行動してはならないと諫めたが、彼は、「私の肉は黄羊ではないから、食われるおそれはない。私の血は野馬ではないから、刺されるおそれもない。男は危うきを見ては命を懸けるもの、今が私の命を投げ出すときだ」と答えた。同羅・抜曳固の部落は張説の義に感じて、平静を取り戻したのである。

翌開元九年四月、胡賊の康待賓《こうたいひん》が反乱を起こし、蘭池都督府（寧夏回族自治区塩池県境）に属する六胡州を攻め落とした。玄宗は太僕卿王毛仲《おうもうちゅう》を朔方道防禦討撃《ぼうぎょとうげき》大使に任じ、左領軍大総管王晙・天兵軍節度大使張説と合同作戦をとらせた。時に康待賓は党項羌《とうこうきょう》（タングート部族）と連携し、銀城・連谷（陝西省神木県付近）を攻めて食糧の確保を狙っていた。張説は一万人の歩兵・騎兵を率いて合河関（山西省興県の西北）を出て大いに敵を破り、その残衆を集めて居住地に帰り仕事に復させようとした。節度副使の阿史那献《あしなけん》が、党項を誅殺して反乱の芽を摘むのがよろしいでしょうと進言したが、張説は、「先王の道は、亡《ぼう》を推《お》して存《そん》を固《かた》くす。尽《ことごと》くこれを誅するが如《ごと》きは、是れ天道に逆らうなり」（『旧唐書』本伝）、「王者の師《いくさ》は、当《まさ》に叛《そむ》くを伐ちて柔服せしむべし、豈《あ》に已《すで》に降りし者を殺すべけんや」（『資治通鑑』）と言い、麟州《りんしゅう》（陝西省神木県の北）に党項の残衆を居住させた。この功績により、九月、張説は兵部尚書・同中書門下三品として朝廷に復帰した。

開元十年（七二二）四月、張説は朔方軍節度大使を兼任し、閏《うるう》五月、朔方巡察に出た。このとき、康待賓の残党の康願子《こうがんし》がみずから可汗《かがん》と称して挙兵した。張説は兵を進めて木盤山《もくばんざん》に到り、康願子とその家族、ならびに胡人の男女三千人を捕虜にした。そして、上奏して河曲六州の五万人の残衆を内地の各州に分けて移し、朔方千里の地を空白地帯とした。

朝廷はこれまで、縁辺の藩鎮には六十万の兵を配置していたが、張説は、強虐な侵寇勢力が滅びて一帯が平和になったので、二十万人の兵役を解いて帰農させるよう上奏し、玄宗は従った。また、首都の諸軍営に当番で勤務する地方軍府の衛兵は、成丁（成人）から従軍して六十歳になれば免じられるが、輪番勤務が頻繁で長期にわたることもあり、その家には雑徭《ざつよう》（公務の徴用）を免除される恩典が与えられていなかったために、逃亡する者が引きも切らなかった。そこで張説は、壮士を召募して宿衛に充《あ》て、優遇する制度を作れば、これまで逃亡した者もわれさきに応募するだろうと建議し、十日ほどの間に精兵十三万人を得て京師の諸営に配分した。これがこののち十年間ほど機能する彍騎《かくき》制の起こりであるという。藩鎮の兵の削減帰農は対外緊張の緩和によるものであり、募兵制は兵士の質的充実のためであり、ともに現実を見すえた張説の考えから出ていたのである。

張説は最初の従軍で、武攸宜《ぶゆうぎ》・武懿宗《ぶいそう》という無能な将帥がいかに国家や人民を疲弊させるか、身をもって実感した。そして後に幽州都督として民生の安定に尽力し、并州大都督府長史としては、わずかの軽騎とともに異民族の部落に乗り込んで反乱の火の粉を消し、また、万余の歩騎を率いて砂漠をわたって敵を撃破し、降伏した部族の生活を安定させた。もとより将帥としての彼の優れた資質によるものであるが、かつて武懿宗のために書いた論功状にある「思致命」「能果断」「誠感神」という三つの至忠の要件、「均下也」「潔己也」「詢善也」「嫉悪也」「不伐也」という五つの

「善を為す」要件を、彼は深く心に刻んで行動していたかのように見える。かつて武懿宗に捧げられた阿諛の辞の、そのあまりにみごとに事実と乖離した表現の裏には、張説の深い自戒が込められていたのである。

優れた統帥力と現実的国際感覚

開元・天宝年間の逸話を記した『開天伝信記』には、張説の統帥能力に玄宗が感心した話が見える。開元十一年（七二三）正月のこと、洛陽を発って太原に向かった玄宗の車駕が上党《じょうとう》（山西省長治市）の金橋を過ぎた。道はくねくねと折れ曲がり、玄宗は数十里の間に鮮やかな軍旗と整然とした護衛兵の行列を望見し、「張説は兵三十万を統率すれば、旗指物《はたさしもの》は千里の間をわたり、上党をはさんで太原にまで至ると言ったが、彼はまことに才子だ」と左右に語ったという。張説の統帥能力の大きさを玄宗は実感したのである。

開元十五年閏九月、涼州都督の王君㚟《おうくんちゃく》が、回紇《かいこつ》（ウイグル族）の残党のために甘州（甘粛省張掖県）の鞏《きょうひつ》筆駅で殺された。これより前、武力を誇って礼をわきまえない吐蕃（チベット族）に対して、泰山における封禅の式典を終えた玄宗は、本格的な征討軍を派遣しようとしていた。一方、張説は吐蕃と講和して辺境を安寧にし民を蘇生させるよう主張していた。しかし王君㚟は吐蕃との戦いで次々と戦果を挙げたので、玄宗の信任は絶大であった。張説は王君㚟の「兵を好み利を求め」「勇にして謀なく、常に僥倖《ぎょうこう》を思う」人柄をよく知っていたから、戦うのみで退くことを知らない嶲《すい》州《しゅう》（四川省西昌市一帯）産の闘羊《とうよう》を「闘羊を進むる表」とともに玄宗に献上し、遠回しに諫めたが聞き入れられなかった。張説の予感通り、力を過信する王君㚟は敗死したが、『新唐書』の「張説伝」「吐蕃伝」に記されるこの話から、張説の人を見る目の確かさと、そして何よりも、吐蕃が強盛である現時点においては、講和を結んで辺境の民を息わせるのが得策だとする、冷静な現実認識がうかがわれる。時に張説は六十一歳で、政界から引退していた。

彼は、国際感覚もまた現実的で柔軟であった。開元の初め、自国の特産物を持って入朝してきた大食《タージ》（サラセン国）の使者が、謁見の礼を失したとして憲司（法務官）にとがめられたとき、中書令だった張説は、「大食は風俗を異にする国であって、わが国の義を慕って遠くから来た者を罪に問うべきではない」と制止した（両唐書「西戎伝・大食」）という。また、契丹《きったん》の邵固《しょうこ》が可突于《かとつう》を使者として方物を貢して入朝させたとき、中書侍郎李元紘《りげんこう》は礼遇せず、可突于は不快感を抱いて帰国した。左丞相張説は、「可突于は人面獣心で利益しか目にない男だが、国政では民の心をつかんでいる。もし彼を優遇して心を繋ぎとめておかなければ、彼は反逆を企てるだろう」と言った。果たして可突于は邵固を殺して自立し、幽州に侵寇してきた（両唐書「北狄伝・契丹」）。

張説は将帥として塞外の異民族に対して、武力のみに頼ることなく冷静に現実的に対処した。その精神は、宰相として内政や外交の方向を定めるにあたっても、十分に発揮されたのである。

6　官界における確執

官僚社会における抗争のはじまり

張九齢が張説の官歴を「三たび左右丞相に登り、三たび中書令と作《な》る」と記したことは「序章」で触れた。これは、官界における浮沈の多さを物語る。人臣の位の頂点である宰相にしばしば任じられたとは言え、官界における彼の歩みは、その宿命とも言える権力闘争の荒波の中でしばしば挫折した。ここでは、彼の対人関係を、政界における確執を中心に見て行く。

張説の最初の挫折は、長安三年（七〇三）九月、欽州に流されたことである。武則天の寵愛を専らにする張易之・張昌宗兄弟が魏元忠を陥れようとした事件で、彼は結果として張兄弟の意に逆らい、武則天の不興を買ったためである。この事件については、すでに詳しく述べた。

次に、張説は睿宗の景雲二年（七一一）十月、兵部侍郎・同平章事を罷免され、尚書左丞・分司東都として洛陽へ遠ざけられた。兵部侍郎（正四品下）から尚書左丞（正四品上）への移動は昇進のように見えるが、同平章事（宰相兼務）の肩書きを外された上に洛陽勤務とされたのであるから、これは左遷である。この左遷は皇太子李隆基（玄宗）の意向によるもので、皇太子派の勢力をを削ごうと画策する太平公主に、皇太子が一歩譲る形で決断したのである。ただ、その背景には、張説と崔湜《さいしょく》（六七一―七一三）との確執が隠されている。

崔湜へのライバル意識

崔湜は太宗皇帝に仕えて功績のあった崔仁師《さいじんし》の孫で、進士に挙げられ文辞の才能によって出世街道を駆け登ったが、それは陰険な策謀によることが多かった。彼は中宗朝では中宗の昭容（おきさき）の上官婉児《じょうかんえんじ》や権力者武三思に諂《へつら》い仕えて、兵部侍郎・中書侍郎となり、検校吏部侍郎・同平章事（宰相職）となった。科挙の試験の責任者となって賄賂を受けて江州司馬に左遷されるが、安楽公主や上官昭容の庇護により襄州刺史を経て尚書左丞として朝廷に復帰し、韋后《いこう》が夫の中宗を毒殺して権力を握ると、再び吏部侍郎・同平章事（宰相）に取り立てられる。韋后一派が誅滅され睿宗が即位すると、華州刺史として外に出されるが、景雲二年（七一一）十月、太平公主の推薦により同平章事に復帰する。このとき、崔湜と入れ替わりで、張説は洛陽に出されたのである。皇太子時代の玄宗はしばしば崔湜の邸に至って親愛の情を示したが、崔湜の心は太平公主に傾いていた。やがて公主が玄宗に誅殺されると、崔湜も流されて殺されたのは当然の成りゆきであった。

崔湜が襄州《じょうしゅう》刺史であった景雲元年八月、譙《しょう》王李重福《りちょうふく》が洛陽で反乱を起こして鎮圧される。譙王と親密であった崔湜も誅殺されるところだったが、劉幽求《りゅうゆうきゅう》と張説のとりなしによって免れることができた。しかし崔湜は太平公主とともに張説を洛陽に追い出し、先天元年（七一二）に中書令に取り立てられると、劉幽求を封州《ほうしゅう》（広東省封開県）に配流した。崔湜は権貴に媚び諂い恩人を裏切り、無節操に生きた。崔湜は「わが一門は朝廷に仕え、官職を歴任してトップの地位に就かなかったことはいまだかつてなかった。男子たるものはまず要路にいて他人を制するべきだ。黙々と働いて人に制せられてよいものか」（『新唐書』「崔湜伝」）と語ったという。この言葉通りに彼は官僚社会を泳ぎ渡ったのであるが、彼が頼った「要路」とは、すべて脆《もろ》くも瓦解してゆく権力者だった。彼にはまったく先見の明がなかったのである。

景竜三年（七〇九）二月、崔湜が初めて宰相に昇ったある日の夕暮れ、彼は正門を出て天津橋へ向かう馬上で、「春は還る 上林苑、花は満つ 洛陽城」と詩を吟じた。張説はそれを見て、「詩や官位は当然あのレベルには達するが、あの年齢だけは及びようがない」と嘆いた（『太平広記』二六五「崔湜」）という。時に崔湜は三十八歳、張説は四十三歳で、崔湜に対する張説のライバル意識は強烈だった。先天二年七月、太平公主一派が誅せられると、崔湜は嶺南に流されることになり、荊《けい》州《しゅう》に至ったところで追使が来て死を賜った。この事件について『旧唐書』「張説伝」では、「初め崔湜と張説とは不仲だった。張説はそのとき中書令だったので、張説が崔湜を陥れたのだと人々は思った」と記している。張説が崔湜を陥れたかどうかは不明ながら、当時の人々は崔湜に対する張説の憎悪と、その背景にあるライバル意識とをよく知っていたわけである。

姚崇との対立

開元元年（七一三）十二月、紫微令《しびれい》（中書令）張説は相州《そうしゅう》（河南省安陽市）刺史・河北道按察使《あんさつし》に左遷され、同三年四月、食実封《しきじっぽう》三百戸を停止されてさらに岳州（湖南省岳陽市）刺史へと再左遷される。新たに紫微令に任じられた姚崇《ようすう》（六五〇—七二一）の方針による。姚崇は貞観中に嶲州《すいしゅう》都督であった姚懿《ようい》の子で、才気に優れ、下筆成章科から官途に入った。武則天の信任を得て、聖暦三年（七〇〇）に同鳳閣鸞台平章事（宰相）に昇進する。中宗朝には亳《はく》・宋・常・越・許の各州刺史を歴任し、睿宗の時代には兵部尚書・同中書門下三品として入朝し、ただちに中書令に転じた。景雲元年（七一〇）七月のことで、このとき張説は中書侍郎として姚崇の下にいた。姚崇は侍中の宋璟《そうえい》とともに太平公主を排除する意見を睿宗にたてまつって公主の怒りに触れ、皇太子だった玄宗はやむなく彼らを刺史として外に出すよう上奏し、姚崇は申州（河南省信陽市）・同州（陝西省大茘《たいれい》県）刺史を歴任することになる。

姚　崇（『中国歴代名人図鑑』）

先天二年（七一三）十一月、玄宗は長安の東の新豊県で軍事演習を行なった。彼はその場に姚崇を召し、馬を並べ駆けて天下の大事を語り、姚崇を兵部尚書・同中書門下三品に任じた。十二月、先天二年は開元元年と改められ、その下旬、紫微令張説は相州刺史に左遷され、姚崇が紫微令となった。この間の事情は不明ながら、『新唐書』「姚崇伝」には次のような記事がある。

姚崇が同州刺史となったとき、張説は彼に平素から恨みを抱いていたから、趙彦昭《ちょうげんしょう》に言い含めてひそかに弾劾させた。姚崇が朝廷に返ってくると張説は恐れ、ひそかに玄宗の弟の岐王《きおう》のところに赴いて宜しくと頼み込んだ。他日、姚崇が朝礼に出たとき、百官が小走りに玄宗の前を通り過ぎたのに、姚崇はかかとを引きずって病気があるそぶりを見せた。玄宗が召して尋ねると、姚崇は「わたくしは足を傷めました」と答えた。「ひどく痛むのか」と玄宗が聞くと、姚崇は、「わたくしは心に憂いがありまして、痛みは足にありません」と答えた。玄宗がその訳を尋ねると、姚崇は「岐王は陛下の愛する弟君で、張説は皇帝を補佐する臣です。それなのに張説はひそかに車に乗って王の家に出入りしています。もしや過ちが起こることを恐れて、わたくしは心配しております」と答えた。そこで張説を相州刺史に出した。

張説が姚崇に平素から抱いていたという恨みの内実は判然としない。あるいは、睿宗朝で姚崇が中書令で張説が中書侍郎であった時期があり、確執はこの時期に発生したのかも知れない。ただ、張説が趙彦昭に姚崇を弾劾させたにもかかわらず姚崇が朝廷に復帰したことから、張説が岐王範のもとを訪れたのは、姚崇の反撃を恐れた張説が岐王に両者の仲を取りもってほしいという意図によるものであったことは間違いあるまい。にもかかわらず、姚崇は足を引きずって歩く演技で玄宗の気を引き、岐王と張説の親密な関係がやがて不測の事態を招きかねないとにおわせ、骨肉の争いをくぐりぬけてきた玄宗の警戒心を呼び起こさせて、張説を相州刺史に出したのである。

『新唐書』「姚崇伝」では、宰相として宋璟とともに開元の太平を導いた姚崇の事蹟を極めて高く評価しているが、張説を構陥したこの記事の部分には、「然《しか》れども資は権譎《けんけつ》（たくらみ深い）なり」と記している。権謀家の資質を持っているというのである。

この時期、姚崇が構陥した人物は少なくない。例えば梁国公魏知古《ぎちこ》（六四七―七一五）。彼は開元二年に紫微令となったが、「姚崇 深くこれを忌憚《きたん》し、陰《ひそか》に讒毀《ざんき》を加え、乃ち工部尚書に除《じょ》し、知政事を罷《や》めしむ」（『旧唐書』「魏知古伝」）とある。徐国公劉幽求《りゅうゆうきゅう》（六五五―七一五）は、開元初に尚書左丞兼黄門監となったが、ほどなくして太子少保に除せられ、知政事を罷めさせられた。「姚崇 素《もと》よりこれを嫉忌《しっき》し、乃ち『幽求は散職に鬱怏《うつおう》たり、兼ねて怨言《えんげん》あり』と奏言し、睦州《ぼくしゅう》刺史を貶授《へんじゅ》す」（『旧唐書』「劉幽求伝」）とある。耿国公《こうこくこう》趙彦昭は、景竜中に中書侍郎・同中書門下平章事となった。彼は太平公主派の蕭至忠《しょうしちゅう》と親しかったが、蕭至忠が誅殺されたのち郭元振と張説が弁護したおかげで、刑部尚書に改められ耿国公に封じられる。しかし彼は本来、中宗朝で禁中に出入りして鬼道（怪しげな術）を行なっていた巫女の趙五娘《ちょうごじょう》を姑《しゅうとめ》として尊重し、婦人の服を着て妻とともに拝礼に行くなど、権力者におもねって出世した人物である。『新唐書』本伝には「是《ここ》に於《おい》て殿中侍御史郭震（郭元振）、旧悪を劾暴《がいばく》す。会《たま》たま姚崇　政を執り、その人となりを悪み、江州別駕に貶《へん》す」と記される。また、越国公鍾紹京《しょうしょうけい》は玄宗の即位後に戸部尚書となり太子詹事《せんじ》に改められたが、「姚崇の喜ぶ所と為らず、幽求と並びに怨望せるを以て、果州刺史に貶せらる」（『新唐書』「鍾紹京伝」）とある。

　このほか、紫微侍郎・趙国公王琚《おうきょ》は沢州刺史に、青州刺史・郇国公《しゅんこくこう》韋安石が沔州《べんしゅう》別駕に、太子賓客・逍遥公韋嗣立《いしりつ》が岳州別駕に左遷されたのみならず、宋王成器・申王成義・邠王《ひんおう》守礼・岐王範・薛王業らの諸王・皇弟が外職に出されたのも、開元二年のことであった。

　大なたを振るうようなこの人事異動は、実は姚崇の考えから出たものだった。彼は宰相就任にあたって玄宗に十事の施政方針を言上しているが、その中に、「これまで外戚や公主がかわるがわる権力を握って、秩序が乱れました。外戚や皇族は内閣の官に任命されませんように」「先代の朝廷では高級官僚になれ親しみ、君臣の厳格な関係を欠いておりました。陛下は君臣の礼をもとに大臣に接してくださいますよう」という二事がある。姚崇は、皇族・大臣の台省からの排除を当初から念頭に置いているのである。この方針は皇帝権力の安定につながるわけで、玄宗が了解しないはず

がなかった。後世の史家もそれを見抜いていた。『新唐書』「劉幽求・鍾紹京・崔日用・王琚・王毛仲伝」の論賛には、

幽求の謀《ぼう》、紹京の果《か》、日用の智《ち》、琚の弁《べん》は、みな危を済《すく》い難を紓《の》ぶるに足り、多故の時に方《あた》りては、必ず資《よ》りて以て功を成す者なり。雄邁《ゆうまい》の才は、その奇を用いざれば則ち厭然《えんぜん》として満たず、誠に与《とも》に共《とも》に平を治むべからざるかな。姚崇の功臣を用いざれと勧むるは宜《むべ》なり。

優れた才能は多難な時期にこそ発揮され、安定の時代をともに治められない。彼らの奇略が発揮できない平和の時代に彼らは不満を抱くから、多難の時代の功臣を用いてはならないという姚崇の方針はもっともだと言うのである。姚崇による開元初の功臣排除は、帝権の強化を目的として玄宗の了解のもとに断行されたのである。

張説がその先頭を切って左遷され、さらに再左遷の憂き目に遭うのは、彼の存在が姚崇の目には極めて大きく映じていたからに他ならない。ただ、両者は人後に落ちない策謀家であり、彼らの権力闘争は苛烈なものだったと考えられる。『明皇雑録』には、姚崇と張説の確執に関する話が収められている。長文であるから、概略を示そう。

姚元崇《ようげんすう》は張説とともに宰相となり、すこぶる疑心を抱いてしばしば侵し合い、張説は心に深く銜《ふく》むところがあった。のち、臨終を迎えた姚崇は諸子をいましめ、「張丞相とわたしは仲が悪かった。彼には奢侈《しゃし》の癖《へき》があり、とりわけ服飾品を好む。わたしの没後には必ず弔問に来るだろうが、汝らはわたしが平生愛好していた宝帯・重器を幕の前に陳列せよ。丞相が目もくれなかったら、汝らは族滅されるかも知れないから至急に家事を処理せよ。もしチラリとでも見たらわが一族は安泰だから、その品を張公に献上して神道碑を書いてもらうよう要請し、文章を得たらただちに石に刻め。丞相は数日後には後悔してその碑文を取り返しに来るから、その石を使者に見せ、さらに帝に報告せよ」と言った。事態は姚崇の予想通りに進み、張説は碑文が周密ではないからと回収しに来たものの、すでに石に刻まれていた。それを聞いた張説は、「死せる姚崇、猶《な》お能《よ》く生ける張説を算《たばか》る。吾はいま才の及ばざること遠きを知れり」と口惜しがった。

この小説風の話は、姚崇の洞察力の確かさを語るのが狙いだが、肝心の碑文執筆の経緯が事実とは食い違う。岑仲勉は『唐集質疑』の「張説　姚崇碑を撰す」(『唐人行第録』所収、中華書局、一九六二年四月)の章で、『張説之集』一四に収める「梁国文貞公碑」には「奉勅撰」と記されていることなどから、碑文は姚崇の子の要請により、張説が玄宗の勅を奉じて撰文し、かつ玄宗の親書により刻されたものと結論する。そうなると、この話の信憑性はにわかに薄れるものの、姚崇と張説の反目の深さ、張説の派手好きで物欲の強い性格があぶりだされて、話としてはおもしろくなる。姚崇は開元九年九月に没するが、このとき張説は并州大都督府長史として太原におり、姚崇が死んだ半月後に兵部尚書・同中書門下三品として朝廷に召される。開元元年に姚崇によって相州刺史に左遷されてのち、張説は岳州・荊州・幽州・并州を渡り歩き、姚崇が死ぬまでの実に足掛け十年の間、都での職務から遠ざけられていた。姚崇に対する張説の恨みがいかに強かったかということと並んで、後述するように贅沢な服飾品や珍しい宝物を欲しがる彼の性格は、世間の人々に周知の事柄であった。この二点をもとに、この話の作者は姚崇の秘話を創作したのである。

張嘉貞との抗争

官界における張説の抗争はまだまだ続く。張嘉貞《ちょうかてい》（六六六—七二九）との確執を見よう。張嘉貞は五経の挙に応じて官途に入り、武則天朝に監察御史となる。のち、中書舎人・秦州都督を歴任。開元八年正月、并州大都督府長史から入朝して中書侍郎・同中書門下平章事となり、五月、中書令にのぼった。かつて中宗の景竜年間に張説が兵部侍郎だったとき、張嘉貞はその下の兵部員外郎に過ぎなかったのに、いまや張嘉貞は中書令となり、張説は、張嘉貞の前任の官職であった并州大都督府長史となって辺境を巡り、二人の立場は完全に逆転していた。張説はすこぶる不満だった。

開元十年、洛陽主簿の王鈞《おうきん》が張嘉貞のために邸宅を修築し、見返りに御史に任じてもらおうとして発覚した。張嘉貞はひそかに王鈞を殺して口を封じ、罪を御史大夫の韋抗《いこう》らになすりつけて左遷した。その冬、秘書監の姜皎《きょうこう》が罪を犯した。張嘉貞は権倖の王守一《おうしゅいっ》と結託し、姜皎を杖刑にするよう奏請した。杖六十の刑に処された姜皎は、鈞州に流される道中に死亡した。同十一月、広州都督の裴伷先《はいちゅうせん》が獄に下され、張嘉貞はまたこれを杖刑に処するよう請うた。時に兵部尚書・同中書門下三品であった張説は、「刑は大夫《たいふ》に上《のぼ》さず」という古訓を根拠に、さきの姜皎の例をも蒸し返して裴伷先擁護の論陣を張り、玄宗の裁可を得た。開元十一年正月、玄宗が并州に行幸したとき、張嘉貞の弟の金吾衛将軍張嘉祐《ちょうかゆう》の収賄罪が発覚した。張説は張嘉貞に、素服して罪を待つよう勧めて玄宗に謁見させず、二月、豳州《ひんしゅう》刺史に左遷し、張説みずから張嘉貞に代わって中書令となった。張嘉貞の恨みは深く、後年、張嘉貞が中書省で宰相たちと会宴するのを許されたおり、張嘉貞は張説を罵ってやまず、源乾曜・王晙らがなだめて和解させたという。

両唐書本伝によると、張嘉貞はおおらかな人柄で面倒見がよく、久しく清要の地位にいながら田園などの財産を蓄えなかった。張嘉貞は張説と同姓で蒲州猗氏《いし》(山西省臨猗県)の出身となれば張説の出身地とも近く、かつ、年齢も一歳違いである。両者が熾烈な抗争をくりひろげたのは、出世競争における近親憎悪にも似た感情があったからかもしれない。

危機を招いた宇文融との対立

張説の生涯における最大の危機につながったのは、宇文融《うぶんゆう》(?—七二九)との確執であった。宇文融は京兆万年の人で、隋の礼部尚書・平昌公宇文弼《うぶんひつ》の玄孫(孫の孫)にあたる北朝以来の名門の出身で、祖父は高宗の永徽《えいき》年間(六五〇—六五五)に宰相となった宇文節《うぶんせつ》である。彼は蔭《いん》(父の官位によって子が官に任じられること)によって官界に入り、開元初めに富平(陝西省富平県)の主簿となり、優れた弁論と実務処理能力によって経済官僚として玄宗の信任を得てゆく。

中書令張説は平素から宇文融の人となりを憎んでいた上に、彼が玄宗に重用されるのを憂え、彼が献じた政策、例えば、游戸(本籍地からの逃亡者)を戸籍に付け、帳簿外の田地を田籍に登記するために十道勧農使を郡県に巡行させるいわゆる括戸《かっこ》政策、尚書省吏部の人事選考はこれまで吏部尚書・吏部侍郎(計三名)が担当しこれを三銓《さんせん》と言ったが、選考を迅速に行なうために十人に増員して分掌させようとする政策などに、ことごとく異議を唱え抑圧した。中書舎人の張九齢が「宇文融は皇帝の恩を承けて権力を握り、弁舌に巧みです。警戒されるのがよいでしょう」と忠告したが、張説は「あんな犬や鼠のような輩に、事がつとまるはずがない」と言って取り合わなかった。時に官僚を監察する御史大夫は崔隠甫《さいいんぽ》で、彼は隋の散騎侍郎崔儦《さいひょう》の曾孫にあたり、玄宗の信任を得て華州刺史・太原尹・河南尹などの重要ポストを歴任していた。開元十四年(七二六)、張説が日ごろ親しくしていた崔日知《さいにっち》を御史大夫にと奏請したとき、玄宗は崔日知を左羽林衛大将軍に、河南尹の崔隠甫を御史大夫とした。この人事で、崔隠甫は張説を強く憎悪することになった。

かくて開元十四年四月、御史中丞宇文融は、御史大夫崔隠甫・御史中丞李林甫《りりんぽ》と手を結んで、張説を弾劾したのである。『新唐書』「張説伝」によれば、その内容は、

張説は、術士の王慶則《おうけいそく》を引いて夜に消災求福の祈禱をさせ、彼の功徳碑を村里の門に建てるよう奏請した。僧の道岸《どうがん》を引いて時事を窺い探らせ、勝手に彼を高い地位に昇らせてやった。張説が親近する張観・范尭臣《はんぎょうしん》らは張説の威勢をたのんで、利権を売り賄賂を受け、太原の九つの回紇《かいこつ》の部族に許可なく千万の羊・銭を支給した。


というものだった。玄宗は激怒し、尚書左丞源乾曜《げんけんよう》・崔隠甫・刑部尚書韋抗《いこう》に詔して張説を尚書省に出頭させて尋問させ、金吾衛の兵に張説の屋敷を包囲させた。張説の兄の太子左庶子張光《ちょうこう》は朝堂に至り、耳を切って無罪を訴えた。

玄宗が高力士に命じて張説邸の様子を見に行かせると、張説は蓬首垢面（ざんばら髪に垢だらけの顔）の姿で藁《わら》の敷物に座り、家人は素焼きの器で玄米と塩漬けの野菜を食べ、自らを罰して怖れおののいていた。「張説は国家の功臣であります」という高力士の弁護もあって、玄宗は張説の中書令を免じ、王慶則ら十余人を誅殺するにとどめた。宇文融は張説が再び登用されて自分の憂いとな

るのを恐れ、いくたびも誹《そし》り訴えた。玄宗は宇文融らの朋党の振る舞いを憎み、宇文融を魏州刺史に遷し、崔隠甫の官を免じて帰郷させた。

この争いは結果として両成敗に終わったが、張説にとっては極めて危機的な状況であった。張説を憎悪して弾劾した宇文融・崔隠甫は、それぞれ北朝以来の名族の出であることからすれば、これは世襲貴族と新興士族との抗争としての側面を持つ。張説が御史大夫に崔隠甫でなくて崔日知を推薦して崔隠甫の恨みを買うことになったのも、崔日知が「少くして孤貧、力学」して明経科から官界に入り（『新唐書』「崔日知伝」）、張説と友善であったために、同じ寒族の出である崔日知に張説が肩入れしていると見られたからである。

張説の浮沈は、すべて人事抗争にからんでいる。相手は権倖《けんこう》であったり、新興士人階層であったり、北朝からの世族であったりした。拠るべき基盤を持たない寒門出身の彼には、自己の才覚と玄宗の支持によって抗争を乗り切るしか道はなかった。宇文融らとの抗争により開元十五年（七二七）二月、六十一歳の張説は致仕（退官）を命じられるが、その二年後、彼はまた右丞相に復帰する。玄宗が、そして時代が彼を必要としていたからである。

7　学識の人

張説が関わった編纂・著述事業

張説は希代の学識の人でもあった。彼が二十四歳で太子校書郎となったとき、すでに当代の学識の士である魏克己《ぎこくき》や元懐景《げんかいけい》の深い知遇を得ていたことは、すでに「2官僚社会への登場」（二七ページ）で述べた。ここでは、張説の学問見識の深さと、学士としての活動について見て行くことにする。まず張説が関与した種々の編纂・著作の事業について概観しよう。

最初の仕事は、武則天の久視元年（七〇〇）に始まった『三教珠英』（一千三百巻）編纂への参加であった。この叢書は儒・仏・道三教に関する要義を抜粋編集したもので、張易之《えきし》・張昌宗《しょうそう》兄弟の醜聞や武氏一族の不行跡をおおい隠すために、武則天が文学の士に命じて行なわせた国家事業である。李嶠《りきょう》・閻朝隠《えんちょういん》・徐彦伯《じょげんぱく》・富嘉謨《ふかぼ》・魏知古《ぎちこ》・沈佺期《しんせんき》・宋之問《そうしもん》など二十六人が選ばれ、三十四歳の張説もその中にいた。彼も一流の文学の人と認知されていたのである。『三教珠英』は、後に編纂メンバーが四十七人に増員され、長安元年（七〇二）十一月に完成して、麟台監張昌宗から武則天に奉られた。

『初学記』三十巻は、玄宗が張説に対して、児孫の作文・作詩のためにコンパクトな表現事典の編集を求め、張説が徐堅《じょけん》・韋述《いじゅつ》らとともに編んだ（『大唐新語』「著述」）ものである。

『新唐書』「芸文志」四には徐堅『文府』二十巻が録され、「開元中、張説に詔して『文選』外の文章を括（収集）せしむ。（張説）乃ち堅と賀知章《がちしょう》・趙冬曦《ちょうとうぎ》に命じて分討（分野を分けて検討）せしむるに、会《たま》たま詔《みことのり》ありて、促《うなが》して速きに従わしむ。堅 乃ち先ず詩賦二韻（詩と賦の二種の韻文）を集めて『文府』と為してこれを上り、余は就《な》らずして罷《や》む」という注がある。『張説年譜』ではこれを開元十一年（七二三）に繋《か》ける。

『大唐開元礼』百五十巻は、開元十四年に通事舎人の王嵒《おうがん》が上疏して、『礼記』の旧文を削り、現代の状況に合わせて制定しなおすべきだと述べた。玄宗が集賢学士に意見を求めたところ、右丞相であった張説は、「礼記は漢朝の編で歴代不滅の大典とされ、また、聖人の世から遠く隔たっているために改易は容易でない。今の五礼の儀注（祭祀・喪葬・賓客・軍旅・冠婚の五種の礼の施行次第）は、太宗の貞観・高宗の顕慶年間の二度の改修を経て、前後不統一である。学士とともに更に古今を討論し、改定して実施すべきだ」と上奏し、徐堅・李鋭・施敬本《しけいほん》らに検討策定を委ねたが完成せず、張説の没後、蕭嵩《しょうすう》・王仲丘らにより完成し、開元二十年九月に行用された（『唐会要』三七「五礼篇目」)。

『開元大衍暦《だいえんれき》』五部五十巻は、僧一行《いっこう》の撰で、一行は開元十五年、奏上する前に卒《しゅっ》したので、玄宗は張説と暦官の陳玄景《ちんげんけい》に詔して編次させ、暦術七篇・略例一篇・暦議十篇として奏上させ、十七年に有司に頒布して行用させた(『旧唐書』「暦志」一)。

『唐六典』三十巻は、開元十年に玄宗が修撰を命じ、時に麗正殿学士であった張説がそれを徐堅に託したが、なかなか進捗《しんちょく》しなかった。後年、李林甫が苑咸《えんかん》にゆだね、開元二十六年に奏上された(『大唐新語』「著述」)。

このように、とりわけ開元中期に、張説は編纂事業の取りまとめ役として大きな役割を果たしている。これはもとより張説の礼や暦や制度に対する学識を玄宗が評価してのことである。

開元十一年十一月、玄宗が圜丘《えんきゅう》(天子が冬至に天を祭る円形の壇)に祀ったとき、中書令張説は礼儀使に任じられ、高祖神尭皇帝のみを祭りに配し、これまで高祖・太宗・高宗の三祖をともに配してきた礼をやめるよう建議した(『旧唐書』「礼儀志」一)。また、祭礼に着用する大裘冕《だいきゅうべん》(天子が天を祀るときに着用する礼服と、かんむり)と袞冕《こんべん》(竜の模様がある天子の礼服と、かんむり)の由来と意味について上申している(『旧唐書』「輿服志」)。

開元十二年、文武の百官や皇親は玄宗に封禅の儀を執り行なうよう要請した。初め玄宗は許さなかったが、中書令張説は日を累《かさ》ねて固く請うた。かくて玄宗は開元十三年十一月十日に故実にのっとって泰山に封禅することにし、張説・右散騎常侍徐堅《じょけん》・太常少卿韋滔《いとう》・秘書少監康子元《こうしげん》・国子博士侯行果《こうこうか》らに命じて、封禅の式の次第を定めさせた（『旧唐書』「礼儀志」三）。封禅にあたって、張説は封禅使として儀式を取り仕切った。玄宗みずから「太山銘」を撰して山頂の岩壁に刻み、張説に詔して「封記壇碑」を書かせた。

　また、開元の初め、玄宗は太子賓客の元行沖《げんこうちゅう》に命じて、唐初の魏徴《ぎちょう》が『礼記』に注した「類礼」に義疏（注の注）をつけさせ、国学に学官を立てようとした。元行沖は国子博士范行恭《はんこうきょう》・四門助教施敬本《しけいほん》らと義疏五十巻を完成させ、十四年八月に奏上した。尚書左丞だった張説は、その内容が多く先儒の義に背いていると反論の意見を上申し、玄宗は完成した五十巻を内府に留めて学官を立てるのをやめた（『旧唐書』「元行沖伝」）。「時議以為《おも》えらく、［張］説の通識は魏徴を過ぐと」とは、『大唐新語』「識量」にある記事である。

　これらの話から、張説が礼に関する深い学識を持っていたことがうかがわれよう。さらに、開元十七年九月、玄宗は左丞相張説に『八陣図』十巻・経二巻を修めさせたが、これは張説の軍事的知識を評価してのことである。

　張説はまた、国史の編纂にも従事している。彼が初めて監修国史（国史編纂官）に任じられたのは睿宗の景雲二年（七一一）であった。そしてその後、二度にわたって史館の外で国史を書いている。『唐会要』六三「在外修史」には、「開元八年十二月二日詔す、右羽林将軍検校并州大都督府長史張説、多く前志を識《し》り、旧史に学び、文は微婉《びえん》（奥深くあでやか）に成り、詞は金石を潤す。風雅を昭《しょう》振《しん》（振興）し、軌訓《きくん》（規範）を光揚《こうよう》（輝かす）すべし。修国史を兼ぬべし。仍《よ》って史本を齎《もたら》して幷州に就きて随軍修撰せよ」という詔を載せる。「前志・旧史」への造詣の深さと文章表現の巧みさを玄宗は高く評価し、史料を幷州まで送って軍中で著述させたのである。さらに、開元十五年六月にも、玄宗は致仕した張説に詔して、在宅修史を命じた。しかしこの時は、中書侍郎の李元紘《りげんこう》が、「いま張説は家で修史し、呉兢《ごきょう》は集賢院で撰録しており、国の大典が数箇所に散在するのはよろしくありません」と上奏したので、玄宗は史館で撰録させることにした。翌年二月、張説は再び集賢殿学士を兼任して、文史の任に当たることになる。

　張説は、雅楽にも造詣が深かった。『旧唐書』「音楽志」三には、「貞観二年、太常少卿の祖孝孫《そこうそん》、既に雅楽を定む。六年に至りて、褚亮《ちょりょう》・虞世南《ぐせいなん》・魏徴らに詔して楽章を分制せしむ。その後、則天の称制するに至って、改易《かいえき》する所多く、歌辞はみな内出（宮中から示す）せり。開元の初め、中書令張説の制を奉じて造る所に則《のっと》るも、然れども貞観の旧詞を雑《まじ》え用いたり」とあり、張説作の「玄宗の開元七年の太廟《たいびょう》に享《きょう》する楽章」十六首を掲載する。張説が玄宗の命を受けて造った歌辞が基本的に演奏されたのである。ここにはまた、張説の「玄宗の開元十三年の泰山を封じ天を祀《まつ》る楽章」十四首も合わせて収められる。『唐会要』三二「雅楽」上には、「開元十三年、燕国公張説に詔して楽章を改定せしむ。上《じょう》（玄宗）みずから声度（音程）を定め、説はこれが詞を為り、太常の楽工をして集賢院に就きて教習せしめ、数月にして方《はじ》めて畢《おわ》る。因りて封禅郊廟《ほうぜんこうびょう》詞曲および舞《まい》を定め、今に至るまで行わる」と、「封泰山祀天《ほうたいざんしてん》楽章」は、玄宗と張説の合作であったことを記している。

学士としての活動

学術・文化面における張説の多彩な才能は、学士としての活動にも現れている。唐初、門下省に宮廷図書館たる修文館が置かれ、のち弘文館・昭文館などと呼称を改められた。学識文章に秀でた者が任じられる学士はその官名で、当初は収蔵図書を校理したり生徒に教授するのが任務であった。のち中宗朝では寵妃上官婉児《じょうかんえんじ》（昭容）の勧めによって修文館学士の大増員が行なわれ、もっぱら大臣や名儒、ならびに詞学の臣をもって学士に任じ、文学好きな中宗を中心にして詩宴がしばしばくりひろげられた。張説は中宗の景竜三年（七〇九）十一月に初めて修文館学士となり、宮廷詩人としてそれに参画している。詩人としても一流であると認知されたのである。

開元十年（七二二）九月、朔方巡察から帰洛した彼は麗正書院の修書使に任じられ、徐堅・賀知章・趙冬曦らを奏して書院に入れた。開元十三年四月、封禅の儀注（儀式の次第）が奏上されると、玄宗は中書門下および礼官学士に詔して集仙殿に集め、宴を賜った。そして、集仙殿の麗正書院を集賢殿書院と改称し、張説を学士に充てて院事を統べしめ、徐堅・賀知章・陸堅らも学士に任じられ、学士・侍講学士・直学士は十八人にのぼった（『唐会要』六四「集賢院」）。これより集賢院学士は常に宴飲賦詩し、各種の修撰事業に当たった。玄宗はこれを褒めて十八学士の像を描かせたのである。集賢院の隆盛を支えたのはひとえに張説の力だった。彼を中心とする集賢院の活動については、池田温「盛唐之集賢院」(『北海道大学文学部紀要』十九ノ二、昭和四十六年二月)に詳細に記述されている。

学士としての張説にまつわる逸話は多い。それらの中から、彼の見識を探ってみよう。

(1)張説は麗正殿学士となり、玄宗に「東壁《とうへき》(文章を司る星の名)の図書《としょ》の府《ふ》、西垣《せいえん》(中書省の別名)の翰墨《かんぼく》(文学)の林《はやし》、詩を諷しては国体(国家の政治)に関わり、易を講じては天心(天の意志)を見る」という詩を献上した。玄宗は深く味わい、「進む所の詩を得たり、はなはだ佳妙《かみょう》と為す。風雅の道、斯《ここ》に観るべし」と褒めた。(『大唐新語』「文章」)

(2)陸堅が中書舎人となり、麗正学士には不適任者もいて、役所からの待遇も多すぎると感じ、朝廷に並ぶ者に「こんなものは国家に何の利益があろうか、無駄な費用にすぎない」と語った。張説はそれを聞いて諸宰相に、「私は聞いている、古来帝王というものは、功業が成れば贅沢《ぜいたく》や放埒《ほうらつ》の過ちがあり、庭園や宮殿を造営したり、女色におぼれたりすると。ところがわが君は儒を尊び徳を重んじて、みずから講論なされ、図書を刊校し、学者を招き集めておられる。今の麗正書院は聖王の礼楽の役所であり、永代の模範にして不易《ふえき》の道である。費やすものはわずかで、裨益《ひえき》するものは大きい。陸堅の言は、いまだ道に達していないのだ」と語った。

（『大唐新語』「匡賛」）

(3)初め張説は集賢殿大学士に任命された。彼はそれを辞退し、「学士にはもともと『大』という呼称はありませんでした。中宗皇帝が大臣を高く待遇しようとされて、修文館に大学士を置かれました。私のような者がどうして大をつけて呼ばれてよいものでしょうか」と述べ、玄宗はそれに従った。

（『唐会要』六四「集賢院」）

(4)張説は集賢学士を拝命して、院庁で宴会を催した。酒杯を挙げるにあたり、彼は謙遜して先に飲もうとせず、諸学士に向かって、「学士の礼は、道義の高さをもって行なうもので、官位の席次によって先後するのではない。私は聞いている、高宗朝に国史を編纂したとき、十八九人の学士がいた。時に長孫無忌《ちょうそんむき》大尉は皇后の父という尊い身分でありながら、先に飲むことを承知せず、九品の低い官職にいる者に対しても、後れて飲むことをお許しにならなかった」と言い、十九人に杯を取らせ、一時に乾杯した。

（『大唐新語』「識量」）

(5)賀知章《がちしょう》が太常少卿から礼部侍郎に遷り、集賢学士を兼任した。「賀公は二つの栄《は》えある辞令を受けられたわけだが、学士と侍郎とではどちらが名誉であろうか」と源乾曜が聞くと、張説は「侍郎は皇朝が創建されて以来、官吏の名誉ある選任である。名声と実質が両方とも立派でないかぎり、このポストにはいられない。とはいうものの、結局は官職の定員を揃える中の花ともいうべきもので、やはり古来の賢人がなりたいと願ったものではない。学士なるものは、先王の道を懐《いだ》き、士大夫の模範たるもので、揚雄《ようゆう》・班固《はんこ》のような文彩を身につけ、子游《しゆう》・子夏《しか》のような学問を兼ね備えて、はじめて学士の職にいて愧《は》ずかしくないのだ。二つの美官のうち、学士を最とする」と答えた。

（『大唐新語』「褒錫」）

(1)に記される詩は「恩制もて食を麗正殿書院に賜わりて宴す、林の字を賦し得たり」と題する詩の前半で、『全唐詩』八七では第三句を「詩を誦して国政を聞く」に作る。この詩は、天子が麗正書院に学芸の士を集めて宴を賜るのは、学芸に心を寄せる天子の篤い心によるとうたう。(2)の話に示されるように、学芸こそが国政の根幹なのだとする張説の認識の表れである。彼はまた、学芸の士は道義の高さによってこそ結ばれるもので、官位の高低には関係ないと考える。新興士族の柔軟な意識の反映と見てよいだろう。侍郎より学士のほうが名誉だとする(5)の逸話には、学士張説の真面目がうかがわれる。官僚としても将帥としても彼は人後に落ちない存在だったが、彼は学士こそが自分の天職だと考えているのであり、礼や暦、そして歴史に該博な知識を持ち、詩文の才に富む張説は、まさに学士と称するにふさわしい人物だったのである。『職官分紀』一五「集賢院・十八学士」の条には、「上《じょう》（玄宗皇帝）の文を好むは、［張］説《えつ》より始まるなり」と記されるが、これは学士張説に対する掛け値のない評価なのである。

8　人となりをめぐって

派手好みで貪欲

張説は逸話に富む人物である。それらの中には、伝奇小説と紛《まが》うほどの巧みな筋書きに仕立てられているのも多い。したがって、資料としての信憑性には欠けるのであるが、他方、張説は時代の著名人であるだけに、まったく根も葉もない話はかえって作りにくく、幾分かの事実をもとに、なるほどあり得る話だと読者に思わせる配慮が必要になるだろう。その幾分かの事実を、逸話群の中から拾って、張説の人となりの一面を考察することにしよう。まず、彼が派手好みで貪欲であったと言われる事柄について。

政敵であった姚崇が臨終のとき、家族に張説への対応策を遺言したという『明皇雑録』の話は、すでに七一ページに引いた。そこでは張説の人となりについて、「其の人は少しく奢侈《しゃし》を懐《いだ》き、尤《とりわ》け服玩を好む」と述べられていた。派手好みで器物・装飾品に貪欲だというのである。

『独異志』上には、次のような話がある。

玄宗朝の宰相盧懐真《ろかいしん》は、病気でもないのに突然みまかった。夫人の崔氏は子女を制止して号《ごう》哭《こく》の礼をさせないで言った、「公の命はまだ終わっていません。私にはそれがよく分かっています。公は清らかでつつましく、足早に進むことをなさらず、へりくだって一歩退かれるお人柄です。四方から来る贈り物はほんの少しでも自分のものとされません。張燕国公と時を同じくして宰相になられました。張公は受け取った品物が山と積まれているのに、御本人は今もなお生きておられます。奢侈と倹約の報いは、いい加減であってもいいものですか」と。夜の半ばになって、公は生き返った。お側の者が夫人の言葉を伝えると、公は、「道理はまことにそうは行かないのだ。冥途《めいど》の役所に三十の溶鉱炉があり、朝な夕なにふいごを動かして、張説のために横財《おうざい》（よこしまな銭）を鋳造していた。私には一つもなかった。どうして張説と比べられようか」と言い、言い終わるとまた息絶えたのだった。

これはみごとな説話仕立てになっている。収賄した銭が山と積まれる張説のために、冥途の役人までが不義のお銀《たから》を鋳造していたというのである。清廉潔白な盧懐真に天の加護がなかったのはまことに気の毒であるが、その対極にいる張説の貪欲さはよけい際立つ仕掛けになっている。

張説が保有していたという財宝に関する逸話も多い。最初に取り上げる「夜明簾《やめいれん》」は、夜光のすだれのこと。『松窓雑録《しょうそうざつろく》』には、宰相姚崇と御史中丞李林甫とが共謀して張説を陥れたおり、絶体絶命のピンチに立たされた張説は、かつて恩を売った書生のはかりごとによって、新羅《しらぎ》の雞林郡《けいりんぐん》の夜明簾を九公主に贈り、玄宗にとりなしてもらって窮地を脱したという話がある。夜明簾がどのようなものなのかよく分からないが、元の伊世珍《いせいちん》『瑯嬛記《ろうかんき》』巻中では『採蘭志』からの引用として、「張説は陰暦正月十五日の元宵節《げんしょうせつ》の夜、諸姿を集めて宴会をしたが、月が出なくて困った。そこで夫人が雞林の夜明簾を持ってきて掛けると、昼間の太陽より明るくなった。夜半に月が出たが、張説の宅にだけは月の光が届かなかった。夜明簾が月明りを奪ってしまったのだ」という話を載せている。

「記事珠」は、物事を記憶している珠という意味で、『開元天宝遺事』上に見える。「開元中、張説が宰相となった。ある人が張説に一つの珠を贈った。紺色で輝きがあり、名を記事珠と言った。物忘れしたことがあっても、この珠を手に持って撫でると、すぐに精神がすっきりとして、忘れたことは大小を問わずさらっと明らかになり、一つの思い出せないこともない。張説は秘宝として大切にしていた」という。

さらに、「石緑鏡台」というのがある。緑色の石で作った鏡を載せる台なのであろうが、『雲仙雑記』巻之六には『類聚記』からの引用として、「張燕公に石緑鏡台があり、明川の道士から得たものである。玄宗はそれに異変があると聞いて、車十台分の上質の炭を使って焼かせたが、まったく変化がないのでやめた」と記している。

夜明簾・記事珠・石緑鏡台ともに、財宝とは言うもののすべてフィクションめいたものである。張説の事迹にまつわる逸話に小説風のものも多いことと関連するのであるが、あの張説ならばこれくらいの財宝は持っていただろうと読む者を信じさせるに足りる。張説が貪欲であるというイメージは、広く浸透していたのである。

『資治通鑑』開元十四年の条には、「[張]説《えつ》、才智ありて賄《わい》を好み、……」と記されるが、この年四月に御史大夫崔隠甫・御史中丞宇文融が張説を告発した理由の一つは、「術士を引きて星を占わしめ、私に徇《したが》いて僭侈《せんし》し、賄賂を受納す」というものだった。「収賄」は官僚を告発する常套的罪条であるものの、『資治通鑑』の著者司馬光《しばこう》も張説の人柄を「好賄」と見ていたようである。

策謀と身内びいき

張説のマイナスイメージの一つに、彼が策謀家であるとするものがある。まず、開元五年二月、岳州刺史に左遷中だった彼は荊州大都督府長史に栄転するが、その際に、同紫微黄門平章事（宰相）蘇頲《そてい》に対して働きかけをした話が『明皇雑録』に記されている。

張説は岳州に左遷されて、常に欝々として楽しまなかった。時の宰相は、張説の機弁・才略を警戒して、相互に排斥しあう間柄だった。そのとき蘇頲が宰相として任用され、張説は蘇頲の父である生前の蘇瓌《そかい》と親しかった。張説はそこで「五君詠」詩を作り、書簡を書き、その詩を封入して蘇頲に送ろうとして、使いの者に「蘇瓌の命日の夕暮れ近くにこれを届けよ」と言いつけた。使者は上京し、命日に書簡を持って蘇頲の屋敷の門に至った。たまたま曇天が数旬にわたって続いているときだった。夕暮れ近くに弔問客が訪れて、多く先公（蘇瓌）の生前の同僚の話をしていた。蘇頲は張説の詩を見て涙に咽び、悲しみに堪えられなかった。翌日、蘇頲は玄宗に封事（上奏文）をたてまつり、「張説は忠貞で直言をはばからず、かつて王室に力を尽くし、また人望を集める人物ですから、遠方に沈滞させておくべきではありません」と申し上げた。玄宗は手詔を降していたわりねぎらい、にわかに張説を荊州長史に遷した。陸象《りくしょう》先《せん》・韋《い》嗣立《しりつ》・張廷珪《ちょうていけい》・賈曾《かそう》らはみな久しく左遷されていたが、調べて収め用いることにした。蘇頲は張説が父の親友であったことによって、謹んで張説に仕え、張説もまた蘇頲の才器を重んじ、深く敬慕を加えた。

ここに言う「五君詠」とは、南朝宋の顔延之《がんえんし》が「五君詠」として阮籍《げんせき》・嵇康《けいこう》・劉伶《りゅうれい》・阮咸《げんかん》・向《しょう》秀《しゅう》の五人の事蹟を詠じて自己の志を託したのになぞらえて、張説も斉国公魏元忠・許国公蘇瓌・趙国公李嶠・代国公郭元振・耿国公趙彦昭を詠じ、そこにそれぞれ「志を達す」「類を美《ほ》む」「異を刺《そし》る」「義に感ず」「事を哀《かな》しむ」という五つの思いを託したものである。この五人は生前に張説と親しく交游し、ともに開元の新時代を拓くために尽力した者たちである。そして、蘇瓌を除く四人が、左遷の境遇の中に没するという悲運を共有している。張説も現在は岳州に左遷中の境遇であるから、「五君詠」の制作には、玄宗や時の当途者に対してみずからの救済を訴える意図が込められていたのである。

ところで、『明皇雑録』に記されているこの逸話は、開元十年（七二二）五月に張説にたてまつられた王泠然《おうれいぜん》（六九二―七二四）の上書の中にも、張説が「五君詠・蘇瓌」の中で、「凄涼《せいりょう》たり丞相府、余慶《よけい》は玄成《げんせい》に在り」と詠じて宰相の蘇頲に送り、それを読んだ蘇頲が張説を岳州刺史から荊州長史に遷したと記されている。張説の詩句は蘇瓌・蘇頲父子を漢の父子宰相であった韋賢《いけん》・韋玄成《いげんせい》になぞらえ、蘇瓌が亡くなって丞相府はもの寂しくなったが、父の余慶が子に及んで、蘇頲も宰相になっているという意味である。

荊州長史への栄転を獲得した張説の思惑は、うまく的中した。ただ、この程度では策謀と言うには足りないが、使者に書簡を届けさせた日が曇天続きの一日であったのは偶然としても、父の命日の夕暮れに弔問客が故人や旧友を偲んでいるしみじみとした雰囲気の中に詩をもたらし、蘇頲の心に強い感銘を与えるようにしむけた張説の心理作戦に、当時の人々は舌を巻いたのであろう。開元四年のこの話が、語り継がれて開元十年の王冷然の上書に記されているのだから。

また、『朝野僉載』五には、「燕国公張説は、倖佞《こうねい》の人なり」という書き出しで、玄宗の寵を受ける特進王毛仲《おうもうちゅう》に対して、張説がしばしば金玉を贈っていたこと、開元九年夏に、朔方道防禦討撃《ぼうぎょとうげき》大使として辺境を巡察する王毛仲を、天平軍節度大使であった張説が接待しているとき、張説を兵部尚書・同中書門下三品に遷すという恩勅が届き、張説は王毛仲の手を取って踊り、その靴の先に接吻したという話を載せている。『資治通鑑』「開元九年九月」の「考異」ではこの話を引き、さすがに「今は取らず」と却《しりぞ》けているが、権倖《けんこう》への媚びを怠るはずがないという、張説に対する時人の思いがこの説話に反映されているだろう。

開元十三年十一月の泰山封禅にあたっては、張説は地位を利用して不公平な行いをしている。


張説は、封禅に侍従して山に登る官をみずから決定し、中書・門下の両省の録事・主事（従七品下から従八品下の事務官）および自分が親しくしている摂官《せっかん》（事務代理の臨時補佐官）を引いて山に登らせ、特進の階（特別昇進の官階）を加え、五品の官を超授（常例を超えて授ける）しようとした。初め、張九齢に詔を起草させたとき、張九齢は張説に対して、「官爵は天下の公器で、人徳・人望を最優先し、功労ある旧臣がこれに次ぎます。もし衣裳を裏返しに着せるようなことをすれば、非難が起こるでしょう。登封に参加して天子の恵みを被るのは、千載一遇の機会ですのに、清流の高官が恵みに浴さず、下級の役人がまず栄典にあずかれば、おそらく詔が出たあと、四方の人々は望みを失うでしょう。今は起草の段階ですから、内容を改めるのは可能です。宰相閣下にはこのことを深くお考えくださり、後悔を残すようなことはなさいませんように」とねんごろに忠告したが、張説は「事柄はすでに決定済みだ。そんなろくでもない話は気にする必要もない」と言い放って従わなかった。詔が出ると、内外の人々は張説をひどくとがめた。

これは『旧唐書』「張九齢伝」にある話である。中書省は天子に代わって政策を立案し詔を起草する役所であり、門下省は百官の上奏を天子に取り次ぐ役所で、中書省で起草された詔に不適当なものがあれば拒否権を行使できた。張説はこの時点で中書省の長官たる中書令であり、また、中書省に属する集賢殿書院の学士でもあり、かつて中宗朝では門下省に属する修文館学士であったことがある。封禅の大典に当たって張説が中書・門下の下級官僚を優遇したのは、皇帝と密接につながるこの両省に影響力を拡大したいという意識がこめられていたのであろう。そこで自分の配下にあたる中書舎人であった張九齢に自分の定めた方針通りに詔を起草させたのである。彼にはまた身内を優遇する意識があった。『酉陽雑俎《ゆうようざっそ》』前集十二にも、明皇（玄宗）が泰山に封禅したとき、張説は封禅使となった。張説の婿の鄭鎰《ていいつ》はもともと九品の官だった。封禅後は三公より以下みな一級（官爵の品級）を加えられるのが旧例であったが、ただ鄭鎰だけが張説のおかげでにわかに五品に遷り、緋色《ひいろ》の服を賜った。大酺《たいほ》（皇帝主催の宴会）のおり、玄宗は鄭鎰の官位がにわかに高くなったのを見て怪しんで尋ねたが、鄭鎰には答える言葉もなかった。黄幡綽《こうはんしゃく》は「これは泰山の力です」と皮肉った。

とある。張説は娘婿を優遇するために、封禅という国家的大行事まで利用したのである。ただ、鄭鎰が張説のどの娘の婿であったかは不明であるが、この話が事実とすれば、張説の倫理観や品性まで疑われても仕方あるまい。中書・門下省の下級官僚や娘婿への優遇は、身内をかばう彼の体質的なものかも知れないし、一方では、後ろ楯のない寒門の出身者として、官界に栄誉ある地歩を築くための本能的な行為と言ってもよいのだろう。

さらに、開元十二年（七二四）に王皇后を廃した玄宗は、十四年、寵愛する武恵妃を皇后に立てようとした。武恵妃は武則天の従父兄（いとこ）の子の武攸止《ぶゆうし》の女である。武恵妃立后に関して、『新唐書』后妃上「玄宗貞順皇后武氏伝」には、それに反対する御史潘好礼《はんこうれい》の上疏文を載せる。

『礼』に、父母の仇《あだ》とは天を共にせずとあり、『春秋』に、子として仇に報いないのは子ではないとあります。陛下が武氏を皇后とされようとお考えなのは、何を天下の士に示されようとされるのですか。妃の再従叔（父のまたいとこ）は武三思で、従父（父の兄弟）は武延秀です。みな人の道を乱し、天下はともに苦しみました。そもそも悪木が蔭を垂らしていても、志ある人はその下に憩いませんし、盗泉が溢《あふ》れていても、清廉な人は飲まないものです。匹夫匹婦でも相手を選びます。まして天子はなおさらです。願わくは慎んで華族をお選びくださり、神祇《じんぎ》の心に叶われますことを。『春秋』によりますと、宋人の夏父《かほ》の会では妾を夫人としませんでしたし、斉の桓公は葵丘《ききゅう》で「妾をもって妻と為す無かれ」と誓いました。これは聖人が嫡庶《ちゃくしょ》の分を明確にされたのです。分が定まれば、窺競《ききょう》（地位をうかがい争うこと）の心は止みます。いま世間では右丞相の張説が、皇后を立てる功績によって宰相に復帰することを図っていると、みな噂しています。今の太子（趙麗妃が生んだ瑛《えい》）は恵妃が生んだ子ではありませんし、恵妃には子があります。もし一たび皇后となれば、太子は穏やかでないでしょう。古人がその兆しを諫めたのは、わけがあるのです。

まことにストレートではばかるところのない文章である。武氏一族の専横は中宗・睿宗朝にも及び、玄宗もその害毒をつぶさに味わってきた。玄宗は潘好礼の上疏を受け入れ、武恵妃の皇后冊立を断念したのである。ちなみに、武恵妃は開元二十五年に薨じて、貞順皇后と諡《おくりな》された。

さて、潘好礼の上疏の中には張説の名が現れる。このとき、崔隠甫・李林甫らとの抗争によって、張説は中書令を罷免されていた。そこで玄宗の意向に沿って武恵妃を皇后に冊立し、その功によって宰相に返り咲こうと図ったというのである。張説の策謀が事実であったかどうかは分からないが、潘好礼は玄宗に対して「いま人間《じんかん》みな右丞相張説　后を立つるの功を取りて相に復するを図ると言う」と明言している。おそらく世間の人々は、張説がやりそうなことだと思っていたことは間違いない。

『資治通鑑』「開元十四年」にも、この話が簡略化された形で引用され、そこにはある人の上言として、「人間《じんかん》に、張説は立后の功を取りて、更に相に入るの計を図らんと欲すと盛言す」と、世間の噂を記している。司馬光も張説の策謀を否定していないのである。「『資治通鑑』は、一たいに彼に対して非同情的である」とは「吉川論文」の指摘であるが、司馬光は張説の人となりに胡散《うさん》臭さを感じていたのだろう。

張説への諡《おくりな》をめぐって

ここまで見てきたように、貪欲・策謀家という張説のマイナスイメージは、多く稗史《はいし》・俗説に出るのであるが、他方、彼に対しては、「[張]説《えつ》は気節に敦《あつ》く、立ちどころに然許《ぜんきょ》(承諾)し、後進を推籍《すいせき》(推薦して官位につかせる)するを喜び、君臣朋友の大義に於《おい》て甚《はなは》だ篤《あつ》し」(『新唐書』本伝)という、きわめて肯定的な評価がある。この両側面は、「3剛直と巧詐と─時局への対応」（三〇ページ）で述べた魏元忠冤罪事件における、剛直と巧詐・傾巧という相反する評価を思い起こさせずにはおかない。この事件は長安三年（七〇三）、張説三十七歳の出来事であったが、彼は晩年に到るまでこの両側面を保持し続けたわけである。

張説が薨《こう》じて、太常卿は彼に「文貞」という諡号《しごう》（おくりな）を定めた。左司郎中の陽伯成《ようはくせい》がそれに反対し、工部侍郎の張九齢は太常の判断を擁護し、議論は紛々として決しなかったが、玄宗みずからが神道碑文を書き、文貞と諡《おくりな》を賜ったので決着した。太常卿が決定した諡号に対する陽伯成の駁議《ばくぎ》（反論意見）は、筆者名を陽伯威《ようはくい》として『唐会要』八〇「朝臣複諡《ふくし》」に収められ、『全唐文』三三一では「太常の燕国公張説の諡に駁する議」と題される。

諡《おくりな》とは、徳の表われ、行ないの迹で、それによって風俗を励まし、倫理道徳を秩序づけるものです。もとよりうわべだけの名誉は存在せず、事実の省察《せいさつ》を尊ぶのです。「張説罷相制（張説に相《しょう》を罷《や》めしむる制）」によると「[張説は]微賤の者とのつきあいを厳粛にせず、身を深く慎む精神にすこぶる背いている」とあり、「致仕《ちし》の制」には「[張説の]行いは古人の半ばに及ばず、身を守る配慮は全身に回らない。いまだ瓜李《かり》（瓜田に履《くつ》を納《い》れず、李下に冠を正さず）の嫌疑を免れず、衆人の口にやかましく噂されている」とあります。かりに玉に疵《きず》があれば、なお磨いて隠すことはできますが、人間のこのように欠けた疵は、どうやって免れられましょうか。諡して文貞と言うなら、どうして勧善懲悪を成すことができましょうか。どうか太常に下《くだ》して、あらためて張説の行為の事実によって論議を定めていただきたい。

陽伯成は、諡は生前の行為の実体と合致しなければならないと主張する。そして、彼の行為の評価基準を制（みことのり）に置いている。皇帝の名で出される制勅こそが最も権威のあるものだからである。駁議に引く「張説罷相制」は張九齢の起草で、「停燕国中書令制（燕国の中書令を停《や》むる制）」として『曲江集』七に収められている。開元十四年四月に張説が中書令を罷免されたのは、前述したように宇文融らの告発による。それには、術士王慶則《おうけいそく》・僧道岸《どうがん》らとの張説の交際、張説の配下の張観《ちょうかん》・范尭臣《はんぎょうしん》らの悪事が記されていた。「張説罷相制」に言う「細微《さいび》の人を粛《つつし》まず、頗《すこぶ》る周慎《しゅうしん》の旨《むね》に乖《そむ》く」、ならびに「致仕制」に言う「未だ瓜李（瓜田に履を納れず、李下に冠を正さず）の嫌を免れず、衆多の口に喧《かまびす》し」は、この事件の捜査結果にもとづいた表現である。陽伯成はこの二つの制勅を根拠として、制勅に悪しざまに記されている人に「文貞」という諡号を与えれば、諡が悪を沮《はば》み善を勧めるという意義を失うと主張したわけである。陽伯成の駁議は、表向きは二つの制勅の文面を根拠にするものの、彼には、これまで見てきたような張説の貪欲・策謀家というダーティイメージが、「諡法解《しほうかい》」の「清白にして節を守るを貞と曰う」という定義にそぐわないとする認識があったのであろう。しかし、彼の駁議は玄宗に取り上げられなかった。これは、自分を支えて開元の太平を築いた張説に対する、玄宗の信頼と感謝の念の表れだったのである。また、『封氏聞見記《ほうしぶんけんき》』四「定謚」には、唐代前半の文貞の贈謚について、

太宗朝の鄭公魏徴、玄宗朝の梁公姚崇・燕公張説・広平公宋璟《そうえい》・郇公《しゅんこう》韋安石は、みな文貞の二字を謚された。人臣の美しい謚として、これ以上のものはない。人徳・人望がとりわけ重くなければ、この謚を受けられない。唐朝創建以来、五人が謚を同じくしても、また差し障りのあることではない。

と記されている。これは文貞と謚された五人に対する最大級の賛辞であり、ここには張説の行迹も肯定的に評価されているのである。なお、姚崇の謚は、張説が玄宗の勅命を奉じて書いた姚崇の「神道碑」(『全唐文』二三〇)でも文貞とするが、両唐書「姚崇伝」および『唐会要』「朝臣複謚」では、「文献」と記される。唐代に文貞と謚された人には、他に許国公蘇瓌《そかい》、兗国公《えんこくこう》陸象先、崔祐甫《さいゆうほ》らがいる。ここに挙げられるのはすべて宰相の任にあった人々で、崔祐甫が徳宗朝の人であるのを除けばすべて唐代前半期に活躍した者たちである。国力が上昇し充実した開元年間までに、文貞と謚される大きな行迹を残した人々が、いかに多かったかが分かるだろう。張説もまたこれら錚々《そうそう》た

る人物と並んで、高い評価を得たのである。

玄宗とともに翔《かけ》た生涯

ここまで、政治世界における張説の活動と評価について、彼の出自や人となりをまじえて概観してきた。彼は相としても将としても学士としても、時代の一流であった。彼は新興階級の出身なるがゆえの柔軟な思考と、きわめつきの寒門の出身なるがゆえの富貴への強い執着心とをもって、時には品性を疑われることまであえて行なった。「吉川論文」では、「彼の行為は新興階級らしい一種の積極主義によって貫かれている」と説明するが、これはきわめて妥当な見解である。

『新唐書』本伝の論賛では、

張説は玄宗に対して最も功徳があった。太平公主が権力を握ると、忠義の心を寄せ、また封禅を図り、典章（制度や法則）を明らかにした。開元の文物（礼楽や文化）が彬々《ひんぴん》として盛んだったのは、張説の力が多きを占めている。

と、高い評価が与えられている。張説はまさに開元の元勲となったのである。ただ、開元時代の二十九年間のうち、彼が中朝にいて活躍したのはちょうどまんなかの十年間で、彼はこの安定の時代に、学術・文化の人として、玄宗の治世と自己の晩年を飾ったのである。

彼は時代の著名人であり、美醜とりまぜて彼にまつわる逸話が語られた。参考までに、方積六・呉冬秀編『唐五代五十二種筆記小説人名索引』（中華書局、一九九二年）を検索すると、張説の同時代の人名では、姚崇が八十条、張九齢が六十四条、宋璟が六十二条、張嘉貞が三十五条載せられているのに対し、張説は百四十二条にのぼる。もとより、これは筆記小説中に出てくる名前の回数を数えただけであって、単純な比較は無意味ながら、この数値からも、張説の話題性の大きさがうかがわれよう。唐はじまって以来の張説の成り上がりぶりが、時代の関心を呼んだのである。後ろ楯のない孤門の張説が、権力闘争に打ち勝って富貴の道を歩むには、それ相応の配慮や策謀が必要だった。彼の人柄に関するプラスマイナスの両面の評価は、ともに当を得ていて、その人間臭さが、彼を多くの逸話の主に押し上げたのである。『開元天宝遺事』上には、

張燕公説は、宰輔《さいほ》（国政補佐）の才があったが、詭詐《きさ》（いつわり）が多く、また財賄を貪った。時の人は彼を称える一方で、また彼をけなした。中書省で事を議したり、同僚と役所を巡るごとに、自分の意向に逆らうものがあればただちに怒鳴りつけて、人々に嫌われた。だから朝廷の役人たちが互いに「張公の言葉は、極刑よりむごい」と語り合ったのは、彼がよく人に面と向かって恥をかかせたことを指して言うのである。

とある。この記述あたりが、どうやら張説の人となりを示す標準的な見解というところだろう。宰相としての優れた統治能力と、およそそれに似つかわしくない貪欲で権力主義的な性格の隔たりが、彼を話題の人に押し上げたのであった。

張説にとっては、玄宗の信任だけが頼みの綱だった。玄宗もまた、開元の初年から足かけ十年にわたって張説を地方官に出し、開元十五年には近衛兵に張説の屋敷を包囲させて辞職を命じたのに、彼の復帰を許している。開元の功臣の生き残りである張説への信頼は強かったのである。

次章で詳しく述べるが、張説は外職をつとめた岳州や幽州でも盛んに文学活動を展開し、しばしば玄宗と中朝に対する思慕の情を詩に詠じている。また、開元十七年八月五日の玄宗の誕生日に、百官がこの日を「千秋節」と定めて天下を挙げて祝うよう上疏して裁可されるが、その議を主唱したのが右丞相張説と左丞相源乾曜であった。千秋節はのちに天長節と改められるものの、誕聖節（皇帝の誕生日）の名はこれから始まる。玄宗に対する張説の思い入れは深かった。

さらに、張説が服飾を嗜《この》んだことについてはすでに触れたが、それについて、玄宗と張説との間に逸話がある。張説が儒者の冠服を着用しているのを見た玄宗が、自分と異なるその姿を嫌い、内様（宮中仕様）の巾子《きんす》と長い紐《ひも》のついた薄絹《うすぎぬ》の幞頭《ぼくとう》（頭をつつむ布）を賜ると、張説はそれを着て拝謁し感謝し、玄宗は多いに悦んだ（『封氏聞見記』五「巾幞」）という。また、幽州都督だった張説が入朝して軍服を着て拝謁すると、玄宗は大いに喜んで并州大都督府長史・修国史の官を授けた（『新唐書』

本伝）という。これらの話から、並みの君臣関係を越えた両者の親近感がうかがわれよう。張説の富貴の生涯は、玄宗その人によって支えられていたのである。

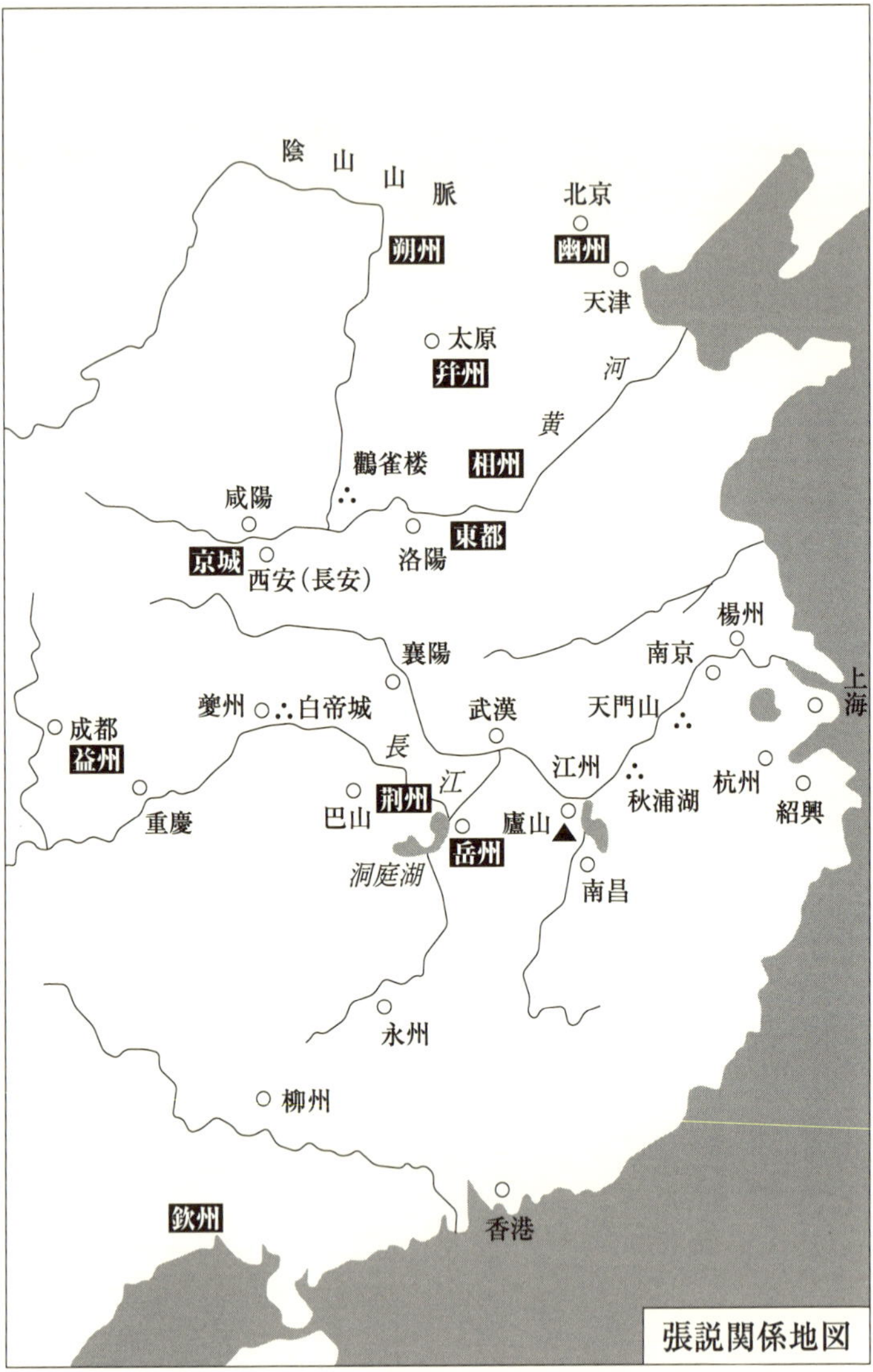

陰山山脈
北京
朔州
幽州
天津
太原
幷州
河
黄
鸛雀楼
相州
咸陽
東都
京城
西安（長安）
洛陽
揚州
襄陽
南京
上海
夔州
白帝城
天門山
成都
武漢
益州
長
江州
江
荊州
秋浦湖
杭州
巴山
廬山
紹興
重慶
岳州
洞庭湖
南昌
永州
柳州
欽州
香港

張説関係地図

第二章

文人張説

1　宮廷詩人として

宮廷詩の盛行

唐の前期には宮廷詩が盛行した。宮廷詩とは、主として皇帝の命に応じて作られる応制《おうせい》（応詔《おうしょう》）詩、皇帝が賜る宴席で作られる詔宴《しょうえん》詩、皇帝の行幸に随行して作られる扈従《こじゅう》詩などを指し、皇后や皇太子、皇族の命を受けて作られる応令《おうれい》詩・応教《おうきょう》詩も含まれる。唐代初期には、太宗、武則天、中宗、そして玄宗など、文学を愛好する君主を中心にして宮廷文壇が形成され、多くの宮廷詩人たちが名誉ある場で詩の制作を競った。これが初唐文学の特徴の一つとなっている。

宮廷詩人として、太宗朝では、楊師道《ようしどう》・許敬宗・虞世南《ぐせいなん》・上官儀《じょうかんぎ》らがおり、武則天朝では、『三教珠英』の編纂に参画した四十七人の修書学士のメンバーで、崔融《さいゆう》・李嶠《りきょう》・沈佺期《しんせんき》・宋之問《そうしもん》・富嘉謨《ふかぼ》らがいる。中宗朝では、中宗の昭容（女官の名）であった上官婉児《じょうかんえんじ》を宮廷文壇の中心として、李嶠・劉憲《りゅうけん》・蘇頲《そてい》・李乂《りがい》・沈佺期・宋之問・李適・趙彦昭《ちょうげんしょう》らが名を連ね、玄宗朝では、とりわけその治世の前半期である開元年間に活発に行なわれた宮廷の文学活動のなかで、張説《ちょうえつ》・蘇頲《そてい》・張九齢らが中心となっている。

現存する唐代前期の宮廷詩の作品数を見ると、許敬宗・趙彦昭が二十首程度、沈佺期・宋之問・李嶠・李乂・張九齢が三十首前後、蘇頲が約四十首であるのに、張説だけが約七十首にのぼる多量の宮廷詩を残している。唐初の宮廷文学を考える上で張説の存在の大きさが分かるだろう。ここでは、張説の現存する宮廷詩の詩題を主な資料として、初唐の後期から盛唐の前期にわたって、張説が宮廷文壇においていかに活動したかを概観してみよう。

宮廷詩壇への登場

張説が初めて宮廷詩人として登場するのは、武則天朝である。天授元年（六九〇）二月、二十九歳の張説は詞標文苑科の制科に及第し、太子校書郎に任じられた。そして久視元年（七〇〇）六月、右補闕となっていた彼は修書院学士の一人に選ばれて、『三教珠英』の編纂事業に参加する。約一年半に及んだ編纂の過程で、修書院学士たちは宴集しては詩を賦した。それらの作品は崔融によって『珠英集』（『珠英学士集』とも称する）五巻にまとめられる。傅璇琮《ふせんそう》編撰『唐人選唐詩新編』（文史哲出版社、一九九九年二月）には、敦煌残巻である『珠英集』巻四・巻五の一部が収められ、傅璇琮氏は「前記」と題する解説で、この集は本来四十七人の作品二百七十六首が収められていたが、宋元の際に散逸したのであろうと述べられる。残巻には、沈佺期十首、崔湜九首、王無競八首など、初唐の著名詩人の詩が残っており、張説の詩も、おそらくはこの程度の数が原本の『珠英集』に収められていたであろうが、今は欠けてしまっている。

　張説のこの時期の宮廷詩に、「修書院学士奉敕宴梁王宅、賦得樹字（修書院学士たりて敕を奉じて梁王宅に宴す、樹の字を賦し得たり）」詩がある。同題の作が魏元忠にもあり、修書院学士として『三教珠英』の編纂にあたっていたときに、武則天の詔によって、武則天の甥にあたる梁王武三思の宅で宴集が行なわれたことを示す。張説の「侍宴武三思山第応制、賦得風字（武三思の山第に侍宴す応制、風の字を賦し得たり）」詩も同様である。ここでは、現存する張説の最も早い時期の宮廷詩として、前者の「修書院学士たりて敕を奉じて梁王宅に宴す、樹字を賦し得たり」を掲げておこう。「賦し得たり」は、宴会などの場で作詩するとき、詩題や韻字を配当する一種の遊戯であることを示す。張説はこのとき押韻する文字として「樹」字を配分されたものである。

虎殿成鴻業　虎殿《こでん》に鴻業《こうぎょう》を成《な》し
猿巌題鳳賦　猿巌《えんがん》に鳳賦《ほうふ》を題《だい》す
既荷大君恩　既《すで》に大君《たいくん》の恩《おん》を荷《にな》い
還蒙小山遇　還《ま》た小山《しょうざん》の遇《ぐう》を蒙《こうむ》る

秋吹迎絃管
涼雲生竹樹
共惜朱邸歓
無辞洛城暮

秋吹《しゅうすい》 絃管《げんかん》を迎《むか》え
涼雲《りょううん》 竹樹《ちくじゅ》に生《しょう》ず
共《とも》に惜《お》しむ 朱邸《しゅてい》の歓《かん》
辞《じ》する無《な》かれ 洛城《らくじょう》の暮《く》るるを

「虎殿」は、漢代に諸儒が経学を講究した未央宮《びおうきゅう》の白虎殿《びゃっこでん》で、洛陽城内の『三教珠英』編纂書院になぞらえる。「鴻業」は、偉大な編纂事業。「猿巌」は、猿が棲む岩山の意で、梁王武三思の庭園の奥深さを比喩的に言う。「鳳賦」は、すぐれた文章の意味で、編纂の余暇に庭園に宴集して制作される応制詩を美化していう。「大君」は、武則天。「小山」は、漢の淮南《わいなん》王劉安《りゅうあん》の臣である淮南小山で、ここは梁王武三思を指す。「朱邸」は、権貴の朱塗りの邸宅。梁王の邸宅をいう。この詩は、宴集の事情、権力者への挨拶と謝恩、宴の場の美景、そして去り難い思いなど、宮廷詩に必要な要素が網羅されている典型である。全篇が対句で構成されていることと合わせて、表現そのものに重心が置かれている。応制詩の作品中にその作者の姿が現れることは稀であるが、この作品もそうである。これが宮廷詩人張説の初期の作品であった。

長安三年（七〇三）、中宗と韋后との娘である安楽郡主が、武三思の子の武崇訓に降嫁した。武三思は、宰臣の李嶠・蘇味道《そみどう》や「詞人」の沈佺期・宋之問・徐彦伯《じょげんぱく》・張説・閻朝隠《えんちょういん》・崔融・崔湜《さいしょく》・

鄭愔《ていあん》らに「花燭行《かしょくこう》」と題する詩を作らせ、華燭の典を賛美させた。張説の「安楽郡主華燭行」は現存し、七言四十二句に及ぶ長編である。彼も権貴の繁栄を讃える宮廷詩人の一人なのであった。

中宗・睿宗朝における張説

神竜元年（七〇五）正月、洛陽では、老宰相の張柬之《ちょうかんし》と羽林大将軍李多祚《りたそ》を中心とする正義派官僚が宮中に攻め込んで張兄弟を斬り、中宗李顕が復位する。唐王朝が復活して、張説も左遷地の欽州《きんしゅう》から召還され、兵部員外郎として中央官僚に復帰した。そして順調に昇任して、景竜元年（七〇七）には兵部郎中から工部侍郎に遷ったが、その十一月、母の馮氏《ふうし》が没したために、彼は職を辞して喪に服する。景竜三年三月、中宗は張説に黄門（中書）侍郎として起復するよう奪服《だっぷく》（服喪期間中の復職）の詔を発するが、彼はそれを辞退して満三年の服喪の道を選ぶ。景竜三年十一月、満三年の服喪が明けて、彼は工部侍郎として復職し、ただちに兵部侍郎に拝し、宮中図書館たる修文館の学士を兼ねる。

おそらくこの頃であろうが、『旧唐書』「武延秀伝」によると、前の皇太子李重俊《りちょうしゅん》（節愍太子《せつびんたいし》）のクーデターによって義父の武三思《ぶさんし》と夫の武崇訓《ぶすうくん》を殺された安楽公主が、武延秀《ぶえんしゅう》に再嫁して男児を産んだ満一か月の祝いのため、中宗と韋后《いこう》がその邸宅に出向いた。このとき中宗は、宰臣の李嶠、「文士」の宋之問・沈佺期・張説ら数百人に命じて詩を作って賛美させた。張説の作品は現存しないが、彼は中宗朝でも「文士」としての高い評価を得ていたのである。

中宗朝における宮廷詩人群の活動は、文学・行楽を好む中宗と、文壇の実質的主催者となった昭容の上官婉児《じょうかんえんじ》を中心として、景竜二年夏から四年夏までの二年間にとりわけ活況を呈した。宮廷詩人たちは中宗の遊行に扈従し、宮中の行事に参集して応制詩を競作した。中でも景竜二年九月の慈恩寺《じおんじ》、同三年九月の臨渭亭《りんいてい》における詩宴は、それぞれに二十七名・二十六名の詩人たちの作品が今に伝わる盛大なものであった。

張説の宮廷詩人としての活動の再開は、制作年が確認できる作品から見る限り景竜三年十二月十四日で、満三年の母の喪が明けたのちにあたる。彼は修文館学士の肩書きをもって宮廷詩壇に復帰したのである。彼は翌年四月まで、韋嗣立の山荘、白鹿観、驪山《りざん》、滻水《さんすい》の宴、金城公主の送別、桃花園、望春宮、渭水の浜、隆慶池などの場における詩宴に参列して詩作した。中宗朝における応制詩の詩体は、五言・七言の律詩と絶句とが圧倒的に多く、加えて沈佺期・宋之問らが活躍したこともあって、近体詩の形式的完成にも大きく寄与した。張説もその流れに加わっていたのである。

しかし、中宗政権は長続きせず、跡を継いだ睿宗は兄ほど文学活動に熱心ではなく、張説の宮廷詩人としての活動は、開元十年代まで待たなければならなかった。

玄宗朝における張説

先天二年（七一三）七月、玄宗は実力で太平公主派を打倒して帝位に即き、張説は検校中書令となり、燕国公に封じられて国政の中枢にすわる。十二月、先天二年は開元元年と改められ、新しい時代が幕を開ける。張説の「玄武門に射に侍す　幷びに序」（五言六韻）は、開元元年十二月十七日、羽林軍の射礼ののちに賜宴に参加した折の作である。これを皮切りに、彼は紫微令（中書令）として宮廷文芸の場にも活躍するはずであった。しかし、彼を待ち受けていたものは、八年にわたる地方暮らしだった。したがって、この間の張説に宮廷詩がないのは当然であるが、一方、玄宗の宮廷における文学的活動も寥々《りょうりょう》たるものであった。

張説が朝廷に復帰したのち、玄宗の宮廷詩壇の活動は一変する。開元十年（七二二）正月、玄宗は即位後二回目の洛陽行幸に出た。今回も、長安や関中一帯が慢性的不作に見舞われたために、洛陽で就食《しゅうしょく》（食いつなぎ）するのが目的であった。四月、朔方軍《さくほうぐん》節度使を兼任した張説は、閏《うるう》五月に夏州朔方郡（陝西省白城子県付近）に遠征するが、彼が洛陽を発つにあたり、玄宗による壮行の宴が催され、玄宗の「張説の辺を巡るを送る」（五言十韻）に応じて、張説が「将《まさ》に朔方軍に赴かんとす応制」を作り、源乾曜《げんけんよう》・張嘉貞《ちょうかてい》・賀知章・張九齢・徐堅《じょけん》ら二十人の廷臣が「聖製『張説の辺を巡るを送る』に和し奉る応制」を作った。その中で張説は、

「多才　将相を兼ね、必勇　独《ひと》り横行《おうこう》せん」（張嘉貞）
「経緯《けいい》　人傑と称せられ、文章は代英《だいえい》と作《な》る」（袁暉）
「識《し》らんと欲《ほっ》す恩華の盛んなるを、平生　文武の材」（盧従愿《ろじゅうげん》）

のように、張説は将と相、文と武を兼ねる才能を讃えられている。「横行」は、敵地をわがもの顔に動き回ること。「経緯」は、ここでは統治能力。「代英」は、時代の英雄。玄宗が主催するこのような盛大な宴で、張説への賞賛と期待が語られるのは、彼の存在の大きさの証明である。その期待に応えて、彼は反乱を起こした胡賊の康願子とその妻子、民三千人を虜獲する大戦果を挙げ、九月に洛陽に帰還した。

北都巡狩の旅中詩壇

開元十一年（七二三）正月三日、玄宗は洛陽を発って北都巡察に出た。唐王朝の創業の地である并州《へいしゅう》（山西省太原市）を、西都長安・東都洛陽とならぶ北都に昇格させるためである。また、道中にあたる潞州《ろしゅう》（上党郡）は、玄宗がかつて潞州別駕に任じられていた土地で、その旧居に立ち寄ることにもなった。十四日に潞州、二十五日に并州、二月十二日に晋州《しんしゅう》、十六日に汾陰《ふんいん》に至り、三月六日に長安に到着する二か月の旅であった。この巡幸の途次、上党の旧宮、王濬《おうしゅん》の墓、晋陽宮、蒲州《ほしゅう》逍遥楼《しょうようろう》、蒲津関《ほしんかん》などさまざまな場所で、玄宗と扈従《こじゅう》の廷臣による詩の唱和が行なわれ、さながらに旅中宮廷詩壇の趣きを呈した。とりわけ雀鼠谷《じゃくそこく》では、張説が「扈従して南のかた雀鼠谷を出づ」を作ると、玄宗が「南のかた雀鼠谷を出づ、張説に答う」詩で応じ、随行の蘇頲・張九齢・宋璟ら十一名の廷臣も応制詩を作っている。張説は別格の存在であった。玄宗は自作の詩のしめくくりで、

聞有鵷鸞客　　聞くに鵷鸞《えんらん》の客あり
清詞雅調新　　清詞　雅調　新《あら》たなり
求音思欲報　　音を求めて報いんと思欲《ほっ》するも
心跡竟難陳　　心跡　竟《つい》に陳《の》べ難し

と詠じている。「鵷鸞」は、鳳凰の類で、ここでは賢才張説になぞらえる。そして、張説の清らかな詩の言葉や優雅な詩の調べに唱和しようと思っても、なかなかに心の思いがついてこないと述べるのは、張説に対する玄宗の敬意と親近の情をうかがわせるものである。

二か月にわたる旅を終え、開元十一年三月、玄宗は長安に帰着した。こののち玄宗は一年八カ月の間、長安に腰を落ち着け、宮廷文壇の活動もしばらくは長安を舞台として展開されることになる。

舞台は再び洛陽へ

開元十二年（七二四）十一月八日、玄宗は長安を発って、即位後第三回目の洛陽巡幸に出た。もとより就食のためである。そして、十六日に洛陽に到着するまでの道すがら、玄宗と扈従の廷臣は、華岳、潼関《どうかん》、函谷関、陝州《せんしゅう》、河上公《かじょうこう》の廟などで、いつものように詩の唱酬を行なっている。この旅中詩壇でも、張説・蘇頲・張九齢が中心詩人であった。玄宗の宮廷詩壇は洛陽でも活発だった。

開元十三年三月二十七日、玄宗は宮中図書館である麗正殿に、宰相と礼官を招いて宴を催した。十一月に行われる封禅の儀注（式次第）の制定に従事している者たちへのねぎらいである。麗正殿で起草された封禅の儀注は、四月三日に張説から玄宗に献じられた。翌日、玄宗は中書省や門下省の官僚、および礼官たちと集仙殿に宴し、集仙殿を集賢殿と改称し、麗正殿書院を集賢殿書院に改め、五品以上の官を学士、六品以下を直学士に任じて、張説は書院長となった。このとき、彼の赴任を祝って盛大な賜宴が催された。玄宗は「集賢書院成り、張説の集賢学士に上《のぼ》るを送りて宴を賜る、珍字を得たり」を作り、張説は「集賢院学士に赴きて上るに宴を賜る応制、輝字を得たり」を作り、源乾曜・徐堅・蘇頲・賀知章・趙冬曦《ちょうとうぎ》・王翰ら十六名が奉和した。「上る」とは、就任するという意味。この宴においては、総計十八首の作品が現存する。そして、

「礼楽は古今に沿い、文章は旧新を革《あらた》む」（玄宗）
「忝《かたじけな》くも文史の地を同《とも》にし、登封の書を草せんと願う」（徐堅）
「文章 礼は一変し、礼楽 道《みち》は逾《いよ》いよ弘《ひろ》し」（蕭嵩《しょうすう》）

などの表現に見られるように、封禅の儀注制定事業の中心であった学者張説に対して、玄宗や廷臣の信頼は絶大だった。

封禅をことほいで

開元十三年十月十一日、玄宗は封禅のために洛陽を発した。そして、十一月十日、泰山を封じ、十一日、社首山に禅した。その往復の道中にも宮廷文壇の活動は旺盛だった。

登封は、平和な世を実現した偉大な天子が、泰山の頂上に土を積み、祭壇を設けて上天を祭る儀式で、国家にとっても皇帝にとっても最大の慶事である。玄宗と群臣は、封禅の道中で、豊作の予兆とされる雪に出遇い、隋末の戦乱の中で英傑太宗が竇建徳《とうけんとく》を捕虜にした成皋《せいこう》を通っては太宗の偉業に思いを馳せ、曲阜《きょくふ》で孔子を祭り孔子の旧宅を訪れ、そのたびに詩を唱和した。これも儒教精神を色濃く反映させた旅中詩壇の営みであったが、今回は、洛陽に帰着したのち盛大な酺宴《ほえん》を許され、喜びを広範な大衆と共有し得たことをことほいで、旅中詩壇の幕を下ろしたのであった。

張説は封禅の議注を定める中心となり、封禅に際しては「唐封泰山楽章」（唐の泰山を封ずる楽章）を献じたのみならず、宮廷文壇の中心として盛事を賞讃した。その功績により、封禅ののち中書令張説は尚書右丞相兼中書令（侍中源乾曜は尚書左丞相兼侍中）に昇進したのである。

宮廷詩人としての晩年

開元十五年十月、玄宗は長きにわたって滞在した洛陽から長安に帰る。翌年二月、張説は集賢院学士に復職を命じられた。張説は洛陽で致仕を命じられたのちも、国史編纂などの文史の任にあたり、玄宗は朝廷の大事については使者を遣わして彼に相談していたが、張説はここでまた朝廷に復帰したのである。六十二歳であった。

開元十七年（七二九）三月、張説はふたたび尚書右丞相となり、集賢院学士として以前のように院事を統括した。八月五日、玄宗の誕生日に、張説は源乾曜らの群臣とともにこの日を千秋節とするよう奏請し、許された。八月二十七日、張説は尚書左丞相に遷った。宋璟が右丞相、源乾曜が太子少傅《しょうふ》となり、三人の就任を祝って、玄宗は尚書都省の東堂で百僚に宴を賜り、「左丞相説・右丞相璟・太子少傅乾曜、日を同じくして官に上《のぼ》る、宴を東堂に命じ詩を賜る」詩を作った。これには、該当者の三人、さらに、裴光庭《はいこうてい》・蕭嵩《しょうすう》・宇文融らの参列者の作品が残っている。

玄宗は自作の詩で、「由来《ゆらい》丞相は重く、国の鈞《きん》を分掌す、我に握中の璧《へき》あり、双び飛ぶ席上の珍」（もともと丞相の地位は重く、国の重要事を分担して司る。わたしには掌中の璧があり、この席上の珍品は並んで空を翔けている）と張説・宋璟の二相を讃えている。「席上の珍」は、儒者の学徳を、宴席の立派な料理に喩えていう言葉である。

宮廷詩と非宮廷詩

皇帝賛美を本来の任務とする宮廷詩は、儒教精神と作者の学殖とを基盤として、華麗な装飾を施した言語を連ねたものであり、作者の個人的な情感の入り込む余地はほとんどない文芸領域であるから、作者の個性は容易にうかがいがたい。ただ、同一テーマを応制の場でうたうか、宮廷とは無縁の個人的な状況でうたうかを比較してみると、宮廷詩の表現上の特徴が浮かび上がってくる。

開元十六年（七二八）、張説の故友崔日知《さいにっち》が、太常卿から潞州大都督府長史に転任した。玄宗はかつて臨淄王《りんしおう》であった景竜二年（七〇八）に、潞州《ろしゅう》別駕を兼任したことがあった。このとき、州境には黄竜が真昼に天に昇り、出猟すると紫の雲が天上に現れたという。これは天子となる瑞兆である。次に引く張説の応制詩の「佳気」は、その紫雲を指している。

玄宗にとって潞州は忘れ得ぬ地であるから、彼は特に崔日知の壮途を祝って、「崔日知の潞州に往くに賜る」という詩を贈った。張説は「聖製『崔日知の潞州に往くに賜る』に和し奉る応制」を作って玄宗に唱和したほか、さらに「崔二長史日知の潞州に赴くを送る」を作っている。崔日知の排行は二で、大都督府長史に任じられたから「崔二長史日知」という。両者を比較してみよう。

奉和聖製賜崔日知往潞州応制

聖情留曩鎭
佳気翊興王
増戟雄都府
高車転太常
川横八練闊
山帯五竜長
連帥初恩命
天人旧紀綱
餞塗飛御藻
闔境自生光
明主徵循吏
何年下鳳皇

聖情　曩鎭《のうちん》に留まり
佳気　興王《こうおう》を翊《たす》く
戟《げき》を増す　雄都の府
高車もて太常を転ず
川は八練《はちれん》に横たわりて闊《ひろ》く
山は五竜《ごりゅう》を帯《お》びて長し
連帥《れんすい》　初めて恩命あり
天人　旧《もと》より紀綱《きこう》す
塗《みち》に餞《はなむ》けて　御藻《ぎょそう》　飛び
闔境《こうきょう》　自《おの》ら光を生ず
明主は循吏《じゅんり》を徵《め》す
何れの年か　鳳皇《ほうおう》　下らん

聖情＝天子の御心。　曩鎭＝ゆかりの町。
翊＝補佐する。　興王＝創業の王。
戟＝門に立てるほこ。大都督は十四戟。　高車＝貴人用の覆いの高い立派な車。
八練＝八匹の練り絹。潞州の川の名か。
五竜＝潞州の山の名。五竜が現れたという。
連帥＝ここは、大都督府長史をいう。
天人＝天子。　紀綱＝図る。計画する。
塗＝前途。　御藻＝玄宗が賜った詩。
闔境＝天下。国中。
徵＝召し出す。　循吏＝優れた官僚。
鳳皇＝鳳詔。ここは、帰朝の詔。

〔大意〕天子の御心は潞州に残っている。かつて佳気が現れて帝王の誕生を助けた地だ。いま昇格して戟の数が増した大都督府に、君は高車に乗って太常卿から転任する。潞州の川は八匹（約百メートル）の練り絹を横たえたように静かに広がり、山は五頭の竜を長く連ねたように長く続く。君は初めてご恩を受けて長史に任じられたが、天子はかねてからそれを考えておられた。君の前途にはなむけて天子が励ましの詩を賜ったのは、天下に輝く名誉だ。明君は優れた官吏をお召しになる。いつか帰朝の詔が下るだろう。

送崔二長史日知赴潞州

東山懐臥理　東山は臥理《がり》を懐《おも》うも
南省悵悲翁　南省《なんしょう》には悵悲《ちょうひ》の翁《おう》あり
共見前途促　共に見る　前途の促《みじか》きを
何知後会同　何ぞ知らん　後会を同《とも》にするを
莫軽一筵宴　軽んずる莫《な》かれ　一筵《いちえん》の宴《うたげ》
明日半成空　明日　半《なか》ばは空《くう》と成らん
況爾新離闕　況《いわ》んや　爾《なんじ》　新たに闕《けつ》を離れ
思帰迷夢中　帰るを思いて夢中に迷うをや

東山＝西晋の謝安《しゃあん》が隠棲した浙江の東山。臥理＝臥治。漢の汲黯《きゅうあん》は病臥の中で、淮陽《わいよう》太守として清廉な政治を行なった。
南省＝尚書省礼部の別称。張説は時に尚書右丞相だった。
闕＝宮城。

〔大意〕東山に隠棲した謝安のような心を抱く君は、汲黯のように簡政（大局を押さえた政治）を行なお

う と思っているだろう。尚書省には君との別れを悲しむ老人がいる。二人とも前途が短いから、再会がいつになるか分からない。この別離の宴席を大切にしよう、列席者の半ばは明日はこの世にいないかも知れないから。まして君は宮城を離れたとたん、帰りたくて夢の中で道に迷うだろうから、なおさらだ。

潞州への赴任は崔日知にとって願ったことではなかった。『旧唐書』「崔日知伝」によると、太常卿となった崔日知は朝官として長い経歴を持つことから、朝士が参集するたびにいつも尚書（尚書省の六部の長官、正三品）と同じ列に並んだ。そのため、「尚書裏行《りこう》」（代理の尚書）と呼ばれたという。太常卿も正三品の官なのであるが、国政の実務を担当する尚書六部と国家の祭祀を司る太常寺とでは重さがちがう。彼はおそらく本物の尚書に任じられたかったのである。その崔日知がなぜ潞州大都督府長史として外任に出されたかは不明であるが、七四ページに述べた張説と崔隠甫の確執が尾を引いているかも知れない。この確執は崔日知の人事を巡る問題に端を発していて、何よりも崔日知は張説の党与だからである。潞州に赴いた崔日知は老齢を理由に辞職し、ほどなくして世を去っている。

右の応制詩で、張説は崔日知の赴く潞州が玄宗のゆかりの地であり、崔日知の起用は玄宗のかねてからの意向であったと述べ、玄宗みずからが送別の詩を賜るのはきわめて名誉なことだと賞賛する。最後の二句で「明君は優れた官吏をお召しになる、いずれ帰朝の詔が下るだろう」と崔日知を慰めるような発言をしているが、これは、玄宗の「崔日知の潞州に往くに賜る」詩の最後の二句に「会《かなら》ず丞相の策（任命書）を書し、先んじて潁川《えいせん》の金を賜らん」とうたうのを踏まえている。漢の宣帝のとき黄覇《こうは》は二度にわたって潁川郡太守となり、天下第一の功績をあげた。帝は金百斤を賜り、召還して丞相に任じ、建成侯《けんせいこう》に封じたという。玄宗もその故事を引いて崔日知を激励し、張説もそれを承けて崔日知を慰めている。応制詩に個人的な感情が入る余地はないからである。

それに対して、崔日知を送る張説の個人的送別詩には、両者が政界を引退しても不思議ではない老齢にあることから、明日の再会も期待できない悲しみにあふれている。このとき張説は六十三歳、人生の最晩年にいた。応制詩には見られない張説の心情が、ここには素直にうたわれている。

宮廷詩と非宮廷詩の表現はかくも隔たっている。宮廷詩人と抒情詩人の双方の作者である張説は、後世、個性的感情の表現が重視される文学観が確立される流れの中で、先駆的な位置を占めていたと言えるのである。

文学好みの玄宗とともに

張説の宮廷詩人歴は、約三十年にわたる。とりわけ開元十年からの八年間は、彼が宮廷文壇の中心であった。玄宗の宮廷詩壇は、太宗・中宗のそれと比べて行動的だった。開元初めから張説が薨じる開元十八年までの間、玄宗は三次にわたり約六年余、洛陽に滞在した。それは就食のためという事情はあったにしても、長期にわたる移動であった。洛陽への往復の途次や、北都太原巡幸、泰山登封の道中でも、宮廷詩壇の活動は展開された。そうした中で、玄宗の現存する作品六十余首に対して、四十首にわたって張説が応制詩を残していることは、特に玄宗朝における宮廷詩人としての存在の大きさを、十分に証明する。

加えて、張説は、玄宗の詩に奉和してその盛徳を讃えるのみならず、朔方軍巡察、雀鼠谷詩宴、楽遊園宴、麗正殿宴、集賢院学士赴任、左丞相任官などの賜宴の場では、彼自身が主役として登場している。廷臣としての彼の重さの反映でもある。張説は玄宗の盛徳を讃え、太平の世をことほぐ宮廷詩人として、玄宗とともに飛翔したのである。

最後に、詩体について触れておこう。中宗の宮廷詩壇では五言・七言の律詩・絶句が多作されたことはすでに述べたが、玄宗朝では五言の長韻が多作された。中でも五言六韻の作品の多さが注目される。詩賦が進士科の試験科目とする方式が固定するのは、唐の建国から百余年後とされるのが通説であるが、試帖詩《しじょうし》（試験科目として作られる詩）は五言六韻の排律を原則としており、その定式化にあたっては、開元中期の玄宗の宮廷詩壇で多作されたこの詩体が、あるいは影響を及ぼしているかも知れない。

2　左遷の文学

文人官僚と左遷

権力闘争が常態である官僚世界では、左遷・流謫《るたく》はいつ起きても不思議でない不幸だと言えるが、都における官僚生活から一転して異境の生活を強いられる悲嘆は、想像するに余りある。古来、流謫の境遇を余儀なくされた詩人たちは、みずからの不運を嘆き慰め、異域の風物を好悪の思いを織りまぜて詩歌に詠じてきた。彼らが詠じるこの境地は、本来きわめて個人的な事情に立脚するものながら、官僚や知識人の宿命的な不運に連なるものとして、広汎な共感を誘いうる。初唐は都を中心とした集団的文芸が全盛を極めた時代であるが、異域で制作される流謫詩は、その集団文芸の没個性的な詩風を変革し、個性的な抒情を誕生させる可能性を持つ。その意味で、流謫詩はとりわけ初唐において掘り下げなければならない分野の一つと言えよう。

神竜元年（七〇五）正月、いわゆる神竜の政変によって武則天が退位し、中宗が復辟《ふくへき》（再即位）した直後、張易之・昌宗兄弟らにへつらい仕えた罪で、多くの宰臣が左遷・流謫された。著名な宮廷詩人で嶺南に流された者には、王無競《おうむきょう》（広州）・宋之問《そうしもん》（滝州《そうしゅう》）・閻朝隠《えんちょういん》（崖州《がいしゅう》）・杜審言《としげん》（峰州《ほうしゅう》）・沈佺期《しんせんき》（驩州《かんしゅう》）らがいる。彼らのうち、宋之問と沈佺期がそれぞれ約二十首、杜審言が二首の嶺南詩を残している。ただし、宋之問は二度にわたって嶺南に流されており、詩の数はその合算である。

彼らが嶺南に流される前の長安三年（七〇三）の秋冬の交、鳳閣（中書）舎人（正五品上）だった張説は、武則天の旨に逆らったかどで欽州（広西壮族自治区欽州県）に配流された。そして、中宗の復辟によって赦免され京師に召還されるまでの一年余の間に、彼は往復の道中の作を含めて約三十首の詩を残している。これらは、唐代嶺南詩の最も早い作品群として文学史に地位を占めるのみならず、以後もしばしば左遷と復活とを反復しながら開元の宗臣・詩文の宿老となり、初唐と盛唐をつなぐ詩人として位置づけられる張説の文学の母胎となるものとして、重要な意味を持つ。この章では、張説の欽州流謫詩群の内容と意義を考察してみよう。

欽州流謫と復帰の意志

張説が欽州に流されるに至ったのは、武則天の寵愛する張易之《ちょうえきし》・昌宗《しょうそう》兄弟と対立したためである。すでに三二ページに詳しく記したことであるが、長安三年九月、張兄弟は御史大夫兼知政事・太子右庶子の魏元忠《ぎげんちゅう》を失脚させようとたくらみ、魏元忠が司礼丞（従五品上）高戩《こうせん》と謀議し、武則天の不豫《ふよ》（病気）に乗じて太子（のちの中宗）を擁立して天下に号令しようとしていると偽りの告発をして、張説に側面からの証言を依頼した。武則天は張兄弟の言に惑い、魏元忠を獄に下して尋問し、太子や相王（のちの睿宗）や諸宰相も召し出される大騒動となった。一旦は偽証を引き受けた張説であったが、彼は武則天の面前に立ち、魏元忠の無実を証言した。投獄されて苛酷な取り調べを受けても、張説の毅然とした証言は変わらなかった。武則天は魏元忠が冤罪であることを覚ったが、張兄弟をかばい、魏元忠を端州高要県（広東省肇慶市）の尉に、張説をさらに遠方の欽州に流した。この事件の主役は、張兄弟に狙いをつけられた魏元忠から、一度は偽証を承諾しておきながら証言を翻した張説へと移ってしまったようにも見える。張兄弟にとっては張説こそが裏切り者なのであった。

張説が欽州に到着したのは歳末で、その途中、船で外海に乗り出した。むかし孔子は、「道行《おこな》われざれば、桴《いかだ》に乗りて海に浮かばん」（『論語』「公冶長」）と述べたが、張説はそれに借りて、「入海」二首、其一の冒頭で、

乗桴入南海　桴《ふ》に乗りて南海に入れば
海曠不可臨　海は曠《むな》しくして臨むべからず

と詠じている。彼はまさに「道の行われざる」がゆえに、流謫の海にいるのである。彼に苦難の道行きを強いたものは何か。「入海」其二では次のようにうたわれる。

1海上三神山　海上の三神山
逍遥集衆仙　逍遥《しょうよう》して　衆仙　集まる
3霊心豈不同　霊心　豈《あ》に同じからざらんや
変化無常全　変化して常全《じょうぜん》なし

東海の蓬萊《ほうらい》・方丈《ほうじょう》・瀛洲《えいしゅう》の三神山には、多くの神仙がのびやかに住んでいた。神仙の心は常に不変なのだけれども、神山をとりまく状況は変化して、恒常不変ではなかった。あるとき神山は竜《りゅう》伯《はく》の凌虐《りょうぎゃく》のために破壊される。

5竜伯如人類　竜伯は人類の如くして
一釣両鰲連　一釣に　両鰲《りょうごう》連なれり
7金台此淪没　金台　此《ここ》に淪没し
玉真時播遷　玉真《ぎょくしん》　時に播遷《はせん》す

『列子』「湯問」によると、渤海《ぼっかい》に岱輿《たいよ》・員嶠《いんきょう》・方壺・瀛洲・蓬萊の五神山があり、一方、竜伯の国には巨人がいて、数歩足を踏み出すだけで神山に至り、神山を海中で支える鰲（おおがめ）を一釣りで六匹も釣り上げ、持ち帰って焼いて食べた。そのために岱輿・員嶠の二山は北極に流れて沈没し、離散した神仙は何億人にものぼったという。張説はこの神話を踏まえ、人間の姿をした竜伯の凌虐のために神山の黄金の宮殿が沈没し、玉真（神仙）たちが散り散りになったとうたう。永遠であるべき神山に暴虐を加え、神仙をさえ流浪させる竜伯とは、一体何の比喩なのか。

9問子労何事　　子《し》に問う　何事《なにごと》にか労して
江上泣経年　　江上に泣きて年を経たる
11隰中生紅草　　隰《しゅうちゅう》中に紅草生ず
所美非美然　　美とする所は美に非ず

隰中に生える紅草とは、湿地にはびこる竜草を指す。『詩経』「鄭風・山有扶蘇《さんゆうふそ》」には「山に喬《きょう》松《しょう》有り、隰《しゅう》に游竜《ゆうりゅう》有り」とあり、毛伝では「竜は、紅草なり」と注する。「毛詩小序」では「山有扶蘇、刺忽也。所美非美然」（「山有扶蘇」は、忽《こつ》を刺るなり。美とする所は美に非ず）と述べられるが、この詩は鄭の昭公（姫忽《きこつ》）が、上位の君子に恩沢を施さず、下位にいる小人に厚く賜物を与えたという、臣下待遇の倒錯を風刺するものである。「小序」の「所美非美然」の句をそのまま自分の詩に取り込む張説には、張易之・昌宗兄弟を偏愛し一族の武氏の専横を許し、一方、魏元忠や自分のような気骨ある新進官僚を排斥する武則天の人材登用に対して、強い憤怒の情があったと見てよい。そうなると、平和な神山に侵入して狼藉《ろうぜき》を働く竜伯は、唐王朝ゆかりの人々を次々に誅殺して周王朝を開いた武則天に比定され、その竜伯のために住居を失い離散した玉真たちは、父祖の建てた国を奪われ息をひそめて生きる太子や相王など、唐王室に連なる人々になぞらえられるだろう。神山を海中で支える鰲をまるごと釣り上げてしまう竜伯は、あたかも唐王朝を根こそぎ奪取した武則天の姿そのものである。張説は明言しないけれども、彼はこのとき武則天政権の存在そのものが理不尽であると確信していたことになる。

ところで、自己の流謫の理由をどのように考えていたかを宋之問と比較してみると、張説の現実認識がきわめて明晰で特異であることが明らかになる。張兄弟にへつらい仕えた宋之問は、二年後の神竜の政変で滝州（広東省羅定県の南）の参軍に左遷されるが、その道中、彼はこの処分に到る理由を繰り返し述べる。例えば「早に大庾嶺《だいゆれい》を発《つと》す」詩では、

自惟勗忠孝　自ら惟《おも》う　忠孝に勗《つと》めたりと
斯罪懵所得　斯《こ》の罪《つみ》　得し所に懵《くら》し

皇明頗照洗　皇明　頗《すこぶ》る照洗せられしに
廷議日紛惑　廷議《ていぎ》　日に紛惑《ふんわく》せり

という。宋之問が「自分では忠孝に努めたと思う。なぜこのような罪を得るのか分からない。帝がひたすら救済されようとしたのに、朝廷の議論が錯乱してどうにもならなかったのだ」と述べて、自己の嶺南左遷を「廷議」のせいにするのは身勝手な言い訳に過ぎまい。ただ、権貴に侍《はべ》り賛歌を捧げることを誉れとする宮廷詩人宋之問にしてみれば、自分がこれまで国政の大事に参画したことはなく、まして神竜の政変に関与したのでもないのだから、嶺南にまで流される罪の重さを自覚できなかったのかも知れない。それに対して、張説は明らかに武則天や張兄弟の意志に逆らって嶺南配流の処分を下されている。それだけに、「美とする所は美に非ず」という断定は、正義は自分にあるという確かな信念にもとづくのであるが、一方、その信念が強固であればあるほど、武則天や張兄弟が支配する都への復帰の可能性は小さくなるだろう。では、武則天政権が遠からず崩壊して自分が都へ召還されるという予測が、この時点の張説にあったのか。それも明確ではない。いずれにしても張説は恐怖に満ちた南海を渡る中で、ただ流謫の嘆きに沈吟してはいない。時政に対して所信を述べ、中朝への復帰の意志を明確にするのである。

時局への関心と自負

欽州に流されていても、国政の課題に対する張説の関心は決して消えなかった。「南中にて北使を送る」其二は、時局に対する張説の所信の発露として注目される。「南中」は、欽州を指して言う。この詩は五言二十二句から成る長篇で、後半は次の通りである。

13 聞有胡兵急　胡兵《こへい》の急《きゅう》有りと聞き
深懐漢国羞　深く漢国の羞《はじ》を懐《おも》う
15 和親先是詐　和親　先《ま》ず是《こ》れ詐《いつわ》りなり
款塞果為讐　款塞《かんさい》　果たして讐《あだ》の為《ため》なり
17 釈繫応分爵　繫《けい》を釈《と》きて応《まさ》に爵《しゃく》を分かつべし
蠲徒幾復侯　徒《と》を蠲《のぞ》きて幾《こいねがわ》くは侯《こう》に復せんことを
19 廉頗誠未老　廉頗《れんぱ》　誠に未《いま》だ老いず
孫叔且無謀　孫叔《そんしゅく》　且《か》つ謀無からんや
21 若道馮唐事　若《も》し馮唐《ふうとう》の事を道《い》わば
皇恩尚可収　皇恩　尚《な》お収むべし

第十三句の「胡兵の急」とは、突厥《とっけつ》（トルコ系部族）の侵攻を指して言う。突厥は唐の建国当初から繰り返し国境地帯を侵犯していた。武則天の朝廷も首領である黙啜《もくてつ》に対して懐柔と討伐とを繰り返したが、その及び腰の態度を黙啜に見抜かれていたために、翻弄されるだけだった。張説は和睦と侵犯を繰り返す突厥について、第十五・十六句で「和親は侵攻に先だつ偽りで、塞門（とりでの門）を款《たた》いて降伏を申し出るのは結果として報復をねらいとするものなのだ」と断じている。

では、突厥に対処するにはどうするべきか。第十七・十八句では、「徒繫《とけい》（囚犯）を釈き放って爵位・官位を分け与えるべきだ」と述べている。朝廷の意に背いたかどで不当にも退けられた人材を、再び登用して国難の克服のために才能を発揮させよと主張しているのである。もとよりその中には作者張説も含まれるであろう。

第十九・二十句の「廉頗・孫叔」は、作者自身の投影である。廉頗は戦国時代の趙《ちょう》の勇将。同列の藺相如《りんしょうじょ》と力を合わせて、秦の攻撃から趙を守った。孫叔敖《そんしゅくごう》は春秋時代の楚《そ》の賢人で、荘王の令《れい》尹《いん》（宰相）として法典を整備し、国政を安定させた。『史記』「循吏」に伝があり、「三たび相を得て喜ばず、三たび相を去りて悔いず」と讃えられている。張説は自分を、いまだ老いざる勇将廉頗と、自己の官僚人生の目標とする孫叔敖になぞらえるのである。

最終二句は「もし馮唐《ふうとう》のことを帝に奏上していただけますれば、帝はご恩を賜って受け入れてくださるでしょう」と北使に要請して結ばれる。馮唐は漢の文帝の時代に車騎都尉となった人で、匈奴の侵攻を憂える文帝が廉頗・李牧《りぼく》のような勇将を求めたとき、馮唐は、漢の法は重く賞の軽いことが将士の気力を萎《な》えさせる原因だと述べたあと、雲中太守の魏尚《ぎしょう》が匈奴に対して軍功を挙げているのに、ささいな罪によって爵位を削られたことを指摘した。文帝はその意見を容れ、魏尚を雲中太守に復帰させたと『漢書』「馮唐伝」にある。馮唐が文帝に求めた適正な人材登用こそ、張説がいま朝廷に要請する内容なのであり、それは第十七・十八句に詠じられた、政治犯を赦して適材適所に配置するべきだという主張とも重なるのである。

彼の願いは、明けて神竜元年正月の武則天の退位と中宗の復辟によって実現する。「赦《ゆる》され帰らんとして道中に在りての作」では、国家が正常な形に復して自分が幸いにも帰朝できる歓びをうたい、詩の締めくくりで、

誰能定礼楽　　誰か能《よ》く礼楽を定め
為国著功成　　国の為《ため》に功の成るを著《あら》わさん

と言う。自分こそが国家のまつりごとに参画し、その成功を著録できるのだとは、彼の強い自負心と使命感の表れであり、これがこそ張説の本領なのである。

人に寄せる情愛

張説の嶺南詩で特に見落とせないのは、広く人に対して示される情愛である。それは、肉親への思慕や旧知に対する友情のみならず、現地の人との心の交流など、多様である。

まず、肉親への慕情を見よう。このテーマは、宮廷詩や集団的文芸の中で取り上げられることは皆無と言ってよく、旅の空で故郷や家人をしのぶ詩にはしばしば現れるものの、生命の危険をともなう軍旅や、いつ赦免されるか分からない流謫の境遇では、特に重い主題となり得る。「南中にて蔣五岑《しょうごしん》の青州に向うに別る」では次のようにうたわれる。

老親依北海　　老親　北海に依り
賤子棄南荒　　賤子《せんし》　南荒《なんこう》に棄てらる
有涙皆成血　　涙の　皆　血と成る有り
無声不断腸　　声として腸を断たざるなし
此中逢故友　　此《こ》の中《うち》に故友に逢い
彼地送還郷　　彼の地に郷に還《かえ》るを送る
願作楓林葉　　願わくは楓林《ふうりん》の葉と作《な》り
随君度洛陽　　君に随《したが》いて洛陽に度《わた》らん

前半四句は、老親と遠く隔たって南の果てに棄てられた身の深い悲しみの表現である。加えて故友の蔣岑が故郷の青州（山東省臨淄《りんし》県）に帰るものだから、彼の望郷の思いもいよいよかき立てられ、楓の葉になって君に踵《つ》いて洛陽に帰りたいと結ぶ。楓は、中国南方に多く生えている木。このような抒情は、流謫詩なればこそ可能となる。

次に、高戩《こうせん》に対する三首を見よう。彼は張説とともに嶺南（場所は不明）に流された。端州まで二人は同じ道筋をたどり、時に旅程が重なり合った。「端州にて高戩に別る」は、端州でそれぞれの流謫地へと別れるときの作である。

異壌同羈窟
途中喜共過
愁多時挙酒
労罷或長歌
南海風潮壮
西江瘴癘多
於焉復分手
此別傷如何

異壌《いじょう》　羈窟《きざん》を同《とも》にし
途中　共に過ぎしを喜ぶ
愁い多くして時に酒を挙げ
労罷《ろうひ》して或《あ》るいは長く歌えり
南海は　風潮　壮んならん
西江は　瘴癘《しょうれい》　多からん
焉《ここ》に於《お》いて復《ま》た手を分かつ
此《こ》の別れ　傷《いた》みは如何《いかん》

「異壌」は、異国。「羈竄」は、遠方の地への流謫。彼らは端州までの道中、しばしば杯を交わして愁いの心を酒に託し、ともに歌をうたっては疲れた身をいたわった。彼らがこれから身を置く地は、南海には風波が逆巻き、西江には瘴癘（南方の毒の霧）が濃厚に立ちこめる恐怖の地域である。張説はここまで旅をともにした高戩に感謝し、かつ、行く手に立ちはだかる危難を予測し、この別れの悲しみを、今生《こんじょう》のいとま乞《ご》いにも似た思いで、語りかけるのである。

「南中にて高六戩に贈る」は、翌年の春に、欽州にいる張説から高戩に贈られた。高戩の排行は六である。

北極辞明代
南溟宅放臣
丹誠由義尽
白髪帯愁新
鳥墜炎洲気
花飛洛水春
平生歌舞席
誰憶不帰人

北極　明代《めいだい》を辞し
南溟《なんめい》に　放臣《ほうしん》　宅《お》る
丹誠《たんせい》は義に由《よ》りて尽くせり
白髪は愁いを帯びて新たなり
鳥は墜《お》つ　炎洲《えんしゅう》の気
花は飛ぶ　洛水の春
平生の歌舞の席
誰か憶《おも》わん　帰らざる人を

彼らは帝京の泰平の御世を去り、南海に身を置く放逐の臣である。張兄弟によって仕組まれ、あわや皇太子や弟の相王までもが危地に陥るところだった魏元忠弾劾事件は、彼らなりの奮闘と、その結果としての流謫によって終止符を打った。第三・四句の「至誠の心は正義のために燃焼し尽くした。愁いを帯びた髪はますます白さを増してゆく」には、彼らが唐の宗室を守る正義の戦士だったという誇りと、その代償が嶺南流謫だったという嘆きとが屈折して込められている。詩の後半では、「嶺南は空飛ぶ鳥が墜ちるほどの熱さなのに、洛陽は今が花の舞い散る行楽の時、恒例の花見の宴席で、洛陽に帰れない人を誰が憶えていてくれるだろうか」とうたわれる。彼らの不在とかかわりなく繰り広げられる洛陽の春の行楽は、思えば思うほど空しさがこみあげてくる。これも彼らにのみ共通する心情なのである。

「還りて端州駅に至る、前に高六と別れし処なり」は、神竜元年に赦免を得て帰京する途次、高戩とかつて別れた思い出の場所に立って詠じた作品である。高戩は、すでに配所で没していた。

旧館分江口　旧館あり　分江《ぶんこう》の口《こう》
凄然望落暉　凄然《せいぜん》として落暉《らくき》を望む
相逢伝旅食　相逢いては旅食《りょしょく》を伝え
臨別換征衣　別れに臨んで征衣《せいい》を換《か》えたり

昔記山川是　昔は記《おぼ》ゆ　山と川の是《か》くのごときを
今傷人代非　今は傷《いた》む　人の代《よ》の非《しから》ざるを
往来皆此路　往来するは　皆　此《こ》の路なるに
生死不同帰　生けると死せると　同《とも》には帰らず

「旧館」は、かつて宿った旅館。一年余り前、張説と高戩は、川筋が分かれるこの水辺の旅館で別れた。いま張説は都への帰路そこに立ち寄り、沈みゆく夕日を胸の張り裂ける思いで見つめる。眼前にありありと蘇るのは、ともに過ごした旅の記憶。食事をともにした時には皿の料理を互いに回し合って食べ、最後の別れに臨んでは旅の装束を形見がわりに交換した。嶺南への流謫という希有の体験が、非日常的な行動を取らせたのである。しかし、もはやその友はいない。「端州の山や川はあの日の記憶のままなのに、人の世はそうでないのが悲しい。行って還る同じこの道、自分は生き長らえ高戩は死んで、ともに帰京できないとは」と嘆く張説は、人の世の無常そして無情に、慟哭するのである。

高戩に対する張説の三首の作品は、抗争や流謫という官僚社会の宿命とも言える事象や、異域の苦難の中で支え合う強固な友情を描くだけでなく、同じ道を歩いていても生死が分かれる人間の運命の不条理性さえ暗示する。そしてそのいずれもが、初唐詩においては普遍的な題材ではない。張説の特異な体験が、新しい抒情を開花させたのである。
さらに張説は、流謫地の欽州で、地元の人を含む多くの人々との心の交流を詩に描く(注)。その一つ「江中に黄領子《こうりょうし》・劉隆《りゅうりゅう》に遇《あ》う」は次のようにうたわれる。

危石江中起　　危石《きせき》 江中に起こり
孤雲嶺上還　　孤雲 嶺上《れいじょう》に還《かえ》る
相逢皆得意　　相逢《あ》いて 皆 意を得たり
何処是郷関　　何《いず》れの処か是《こ》れ郷関《きょうかん》

奇峰が江水の中央にそそり立ち、その峰にちぎれ雲が帰って行く。異郷に身を置く者にとっては、ひときわ望郷の念がかきたてられる光景である。絵にも似た嶺南のカルスト地形の絶景の中で親しい者たちが出会い、あたかも家族に逢ったような和やかな喜びに満たされる。「ここが故郷でなくていずこが故郷ぞ」という結句には、嶺南の山水と人情に包まれる心の安らぎがある。のちに岳州に再び左遷され、江南の山水の中

欽州（現在の広西壮族自治区欽州県）の奇峰（桂林）

で新たな展開を見せる張説の文学は、すでにこの地において芽生えているのである。また、「南中にて王陵《おうりょう》・成崇《せいすう》に別る」は、赦免を得て欽州を去るにあたって、世話になった人々に感謝する留別詩である。

握手与君別　手を握りて君と別る
岐路贈一言　岐路《きろ》に一言《いちげん》を贈らん
曹卿礼公子　曹卿《そうけい》は公子に礼《れい》し
楚媼饋王孫　楚媼《そおう》は王孫《おうそん》に饋《おく》る
倏爾生六翮　倏爾《しゅくじ》として六翮《りくかく》を生じ
翻飛戻九門　翻飛《ほんぴ》して九門《きゅうもん》に戻《いた》る
常懐客鳥意　常に客鳥の意を懐《いだ》き
会答主人恩　会《かなら》ず主人の恩に答えん

春秋時代、晋の公子重耳《ちょうじ》は曹の大夫の釐負羈《りふき》に手厚い待遇を受け、漢の韓信は淮陰《わいいん》の漂母《ひょうぼ》に食事を送られた。張説はこの故事を引いて、王陵や成崇に心からの謝辞を述べる。そして、にわかに翼が生えて都へ飛び還る自分は、旅の鳥を匿ってくれた主人の恩に必ず報いたいと結ぶ。彼は人間の情愛に強い信頼を寄せているのである。

流謫体験が果たした役割

張説の欽州流謫詩群には、国政を担当する官僚としての自覚と、人をつなぐ絆に寄せる強い信頼が込められていた。張説が体験した初めての流謫は、のちに官僚と詩人との両側面にわたって大成する彼の方向を決定づけたと言ってよい。彼の中朝への復帰の熱意はきわめて強い。それは、劣悪な風土への嫌悪から生まれる逃避的な感情のためではなく、人材登用や対突厥戦略を誤る現実の政治を批判的に見つめ、みずから政治に参画しようとする積極的な意志による。流謫地の嶺南で彼は朝廷の使者のみならず現地の人々とも親しく交流したが、詩はそれらの人々と心と心の対話を行なう手段となった。嶺南の絶景と人情の中から生み出された抒情詩は、それまで武則天朝の宮廷詩人に過ぎなかった張説に新たな詩的可能性をもたらし、この十余年後、二度目の左遷を被って岳州の山水に遊び、かの地で流謫小詩壇の主宰者となる張説の原体験ともなったのである。

注　この詩は、『全唐詩』巻五五五に馬戴「江中遇客」と題して収められるものと同文であるが、『張説之文集』巻八にも収められているので、張説の作品と見ておく。馬戴は中唐の詩人である。

3　幻の『岳陽集』とそのインパクト

左遷ふたたび

開元三年（七一五）四月、張説は岳州（湖南省岳陽市）刺史に左遷された。この地で彼は不遇をかこちつつも岳州の湖山に親しみ、知友と唱和し、みずからが拠りどころとする宮廷詩とは隔絶した詩境を示した。その成果は、『岳陽集』としてまとめられた。この詩集は現存しないが、その内容が盛唐詩に連なるものであることは、想像に難くない。ここでは、「岳州流謫小詩壇」とも呼び得る張説の集団的文学活動の状況を把握し、その成果が同時代人にどのように受容されていたかの一端について考えてみよう。

岳州小詩壇のレギュラー構成員

開元五年二月、荆州大都督府長史に転じて岳州を離れるまでの足掛け三年、実質は二年未満の間、彼はこの地にいた。岳州における彼の従事であった尹懋《いんぼう》に、「秋夜張丞相・趙侍御に陪して滃《よう》湖《こ》に游ぶ」詩二首があり、その序には、

燕公　司馬を以て初めて到り、趙侍御《ちょうじぎょ》も焉《ここ》に客たり。聿《ここ》に方舟《ほうしゅう》を理《おさ》め、滃《よう》の壑《たに》に嬉游《きゆう》す。山川の異《い》を覧《み》、泉石の奇を探り、望を騁《は》せて朝を崇《お》え、尊《たる》を留めて月を待つ。一時の楽しみ、豈《あ》に盛んならざらんや。

と言う。張説が最初に司馬として着任したとは考えられないが、この序に見られるように、彼はこの地に到って趙冬曦《ちょうとうぎ》らと山水を遊覧し、詩を賦した。その様子はあたかも岳州の風土を基盤としたローカル小詩壇であった。ここでは、この小詩壇を構成した人物について概観しながら、彼らの詩的交遊を追ってみよう。

趙冬曦（六七七—七五〇）は、定州鼓城の人で、進士に及第して校書郎となり、皇太子だった玄宗が国政について意見書を求めたおり、韓休《かんきゅう》とともに乙科（第二等）に中《あた》り、右拾遺となった。開元の初め監察御史に遷り、事に坐して岳州に流された。張説と唱和したのはこの時期である。のちに召されて監察御史に復し、開元十年、張説の奏請により麗正殿書院に入り、十三年、集賢殿書院の学士として張説らとともに玄宗の封禅の儀注（式次第）を参定する。このとき彼は考功員外郎で、

のち、中書舎人内供奉を経て国子祭酒（国立大学長）をもって卒《しゅっ》した。『新唐書』「儒学伝」下に立伝される学識の士であり、ものにとらわれない性格で、俗事を好まなかったという。『全唐詩』九八に収められる詩は十九首、『全唐詩続拾』に一首が残る。うち、岳州における作品は十六首で、中朝復帰後の応制詩三首もすべて張説に関係するものである。

岳州における趙冬曦と張説の唱和の状況を示そう。上段の詩題は張説の作品。下段が趙冬曦の作品である。最初の一首が賦で、あとはすべて詩である。矢印は唱和の方向を示す。

「江上愁心賦　趙子に寄す」⇧「燕公の江上愁心賦に謝す」

「趙冬曦・尹懋・子《こ》の均《きん》と南楼に登る」⇧「張燕公に陪して南楼に登る」

「湖を出でて趙冬曦に寄す」⇧「燕公の湖を出でて寄せらるるに酬《むく》ゆ」

「岳陽早《つと》に霽《は》るる南楼」⇧「張燕公の早に霽るる南楼に和し奉る」

「趙侍御の乾（灉）湖の作に同ず」⇩「灉湖の作　并びに序」

「岳州山城」⇧「燕公の岳州山城に和す」

「灉湖上寺に遊ぶ」⇧「燕公に陪して灉湖上寺に遊ぶ」

「葛巾《かっきん》を翻著《ほんちゃく》して趙・尹に呈す」⇧「張燕公の葛巾を翻著して呈《てい》せらるるの作に答う」

「岳州にて郡の竹籬《ちくり》を行《めぐ》る」⇧「張燕公に陪して郡の竹籬を行る」

「灉湖に別る」⇧「燕公の灉湖に別るに和す」

「伯奴《はくど》の辺《へん》に帰田賦を見て因りて趙侍御に投ず」⇧「燕公の帰田賦を見る垂贈の作に酬い奉る」
「耗磨《こうま》の日《ひ》に飲す」三首⇧「趙燕公の耗磨の日に飲すに和す」(注1)二首

このほか、張説に「趙侍御に贈る」「趙侍御の巴陵早春の作に同ず」「同趙侍御の帰舟を望むに同ず」がある。対応する趙冬曦の作は残っていない。

尹懋（生没年未詳）は、『唐詩紀事』一七に「開元の時、張燕公の岳州従事なり。官は補闕」と記される。『全唐詩』九八には「張燕公に陪し奉りて南楼に登る」「秋夜張丞相・趙侍御に陪して㴩湖に游ぶ」二首、「燕公の洞庭に汎ぶに同ず」の四首を収める。張説に「尹懋の秋夜㴩湖に游ぶに和す」「趙冬曦・尹懋・子の均と南楼に登る」「葛巾を翻著して趙・尹に呈す」「尹従事懋の洞庭に泛《うか》ぶに和す」の五首が、趙冬曦にも「尹懋の秋夜㴩湖に遊ぶに和す」二首が残る。

張均（生没年不詳）は、張説の長子で、父とともに岳州に来ていた。「尹懋の南楼に登るに和す」「江上　春に逢う」「九日巴丘登高」「岳陽晩景」などの岳州関連の作品が『全唐詩』九〇に残る。張説にも「趙冬曦・尹懋・子の均と南楼に登る」詩があり、張均も父の唱和グループのメンバーだった。ただ、張説「岳州にて子の均に別る」詩は、張均が父の離任よりやや早く岳州を去ったことを示す。『全唐詩』九〇には張説の次子張垍の「岳州山城に和し奉る」詩を収め、「一作張均詩」という題下注を付すが、これも張均の作と考えるべきであろう。また、陶敏『全唐詩人名考証』（陝西人民教育出版社、一九九六年八月）七一ページでは、張説「伯奴の辺に帰田賦を見て因りて趙侍御に投ず」詩の「伯奴」は、張均の小名であるという。

ここまで見てきたように、岳州小詩壇は張説・趙冬曦・尹懋・張均という、岳州に客居する者たちの日常的活動が中心をなすのであるが、岳州は長江と湘江の水系が交錯する水運の要衝で、嶺南方面との交通の大動脈に位置しており、岳州を経過する文人たちも多くこの地に足を停めた。張説の岳州小詩壇は、こうしたゲストメンバーをも迎えることになる。次に、それを見ていこう。

岳州詩壇のゲストメンバー

王琚《おうきょ》（？—七四六）は、懐州河内の人で、先天元年（七一三）八月、中書侍郎となり、翌年七月には太平公主派打倒の軍事行動功に参加して戸部尚書に昇り、趙国公・実封三百戸に封ぜられ、紫微侍郎となって玄宗の信任を受けて内宰相とさえ呼ばれたが、開元二年二月に沢州刺史に左遷された。『新唐書』本伝には左遷の事情を「或るひと帝に説きて曰わく、『王琚・麻嗣宗《ましそう》はみな譎詭縦《けっきしょう》横《おう》（偽りが多くでたらめ）にして、与《とも》に危うきを履《ふ》むべきも、与に安きを共にすべからず。方に天下すでに定まれば、宜しく純樸《じゅんぼく》経術（純粋で学問がある）の士を益《ま》し求めて以て自ら輔《たす》くべし』と。帝悟《さと》り、稍《ようや》くこれを疎《うと》んず」と記している。この「或ひと」が姚崇を指すのは疑いがない。この前年の暮れに張説は紫微令を解かれ相州刺史に左遷されていたが、その下僚たる紫微侍郎の王琚も、沢州（山西省晋城県）へ、そして衡州・郴州（ともに湖南省）など九つの州の刺史を歴任させられる。『全唐詩』九八に詩四首が収められ、うち、「燕公に答え奉る」（起句は「郡遠途且艱」）「荊湖より入朝せんとして岳陽に至りて張燕公に別れ奉る」「灉湖上寺に游ぶ」の三首が岳州における作である。また、『全唐詩続拾』一二には「燕公に答え奉る」詩二首（起句はそれぞれ「語別意凄凄」「誰道零陵守」）を、王琚の作として収める。これは『全唐詩』九八には趙冬曦の作として収められるものであるが、『全唐詩続拾』の見解が正しい。両者の作品を対応させると次のようになる。

張説「趙公に贈る」⇧王琚「燕公に答え奉る」三首
張説「灉湖上寺に遊ぶ」⇧王琚「灉湖上寺に游ぶ」
張説「岳州にて趙国公王十一琚の入朝するに別る」⇧王琚「荊湖より入朝せんとして岳陽に至り張燕公に別れ奉る」

「趙公に贈る」で、張説は「湘東《しょうとう》は股肱《ここう》（要地）の守り、心は帝京と期せり、舟楫《しゅうしゅう》中途に蹇《なや》み、風波 復《ま》た来たる」と歌い起こす。王琚が皇帝の命により湘東（湖南省衡陽市一帯）の太守として苦難の道中を歩んでいると言うのである。続いて、「寧《いず》くんぞ知らん洞庭の上《ほとり》、独《ひと》り平生の時を得んとは」と、洞庭湖における思いがけない再会を喜び、「君を送りて南浦《なんぽ》に在り、侘傺《たてい》（がっかり）として此《こ》の詞《し》を投ず」と、別離の悲しみを述べて詩をしめくくる。

　これに対して、王琚は「燕公に答え奉る」で「郡は遠く途《みち》は且《か》つ艱《けわ》し、宜《よろ》しく悲しむべきに良《まこと》に自得せり、胡為《なんす》れぞ心独《ひと》り爾《しか》る、恵好《けいこう》（旧友）南国に在ればなり」と応じて、悲しかるべき遠郡への苦難の旅の途中、南国の岳州で旧知の人に出会ったことを喜んでいる。そして、十日を超える洞庭湖での遊宴ののちは、「唯《た》だ当《まさ》に衡峯《こうほう》（湖南省衡山）の上にて、遥かに湖水の色を辨《べん》ずべし」という境遇になろうと述べて詩を結んでいる。この両者の言い方からすると、王琚は衡州刺史として赴任する途次にあったと思われる。両唐書本伝には、王琚は湖南では衡州・郴州《ちんしゅう》刺史を歴任したことが記されている。

　また、張説・王琚の「㴩湖上寺に遊ぶ」に対して、趙冬曦に「燕公に陪して㴩湖上寺に遊ぶ」がある。三首ともに五言律詩である点から見て、これらは三者が洞庭湖遊覧をともにした場面で作られたと考えられる。王琚の詩は「春山　遠壑《えんがく》（遠い谷）に臨み、水木　自《おのずか》ら幽清なり」と歌い起こされる。張説が岳州に着任したのは開元三年（七一五）四月で、離任するのは開元五年二月であるから、王琚が春に洞庭湖に遊んだのは開元四年春のことになる。

　一方、王琚の「荊湖より入朝せんとして岳陽に至り燕公に別れ奉る」は、王琚が衡州（もしくは郴州）刺史から入朝する途中に岳陽を経由し、張説との離宴の中でつくられた。張説の「岳州にて趙国公王十一琚の入朝するに別る」に答えたものである。張説の詩句に「浦樹《ほじゅ》　秋影《しゅうえい》を懸《か》く」とあるから、王琚の入朝は開元四年の秋となり、王琚の衡州刺史在任は、わずか半年だったことになる。王琚は張説に応えるこの詩で、「五載《ごさい》 天子に朝《ちょう》せんとし、三湘《さんしょう》 旧僚に逢う」と歌い起こす。彼が中朝から河東の沢州刺史に出されたのは開元二年二月であり、その後に衡州・郴州へと再左遷されているから、起句の「五年ぶりに天子にお目にかかる」の「五載」は、おおよその数字である。王琚の詩の尾聯の「帝城 夢想を馳《は》せ、帰帆《きはん》 風飆《ふうひょう》（強い風）満つ」には、久方ぶりに長安に帰る心の高ぶりが込められる。しかし、張説はこの時点ではまだ岳州刺史の任を離れられない。

王熊《おうゆう》の伝は両唐書にない。張彦遠《ちょうげんえん》『歴代名画記』一〇に「官は潭州《たんしゅう》都督に至る。嘗《かつ》て張燕公と詩句を唱和す。湘中の山水を善《よ》くす」と記され、『唐刺史考』巻一六六では、約開元四年に潭州刺史であったとしている。張説の「岳州にて潭州の王熊に宴別す」二首は、長安に帰任する前潭州刺史王熊を送別する席上の作で、其一には「君に贈る芳杜草《ほうとそう》、為《ため》に植《う》えよ建章台《けんしょうだい》に」という長安への思慕が、其二には「誰か念《おも》わん三千里、江潭の一老翁を」という落魄《らくはく》の思いがうたわれる。王熊はそれに答えて「張岳州説に別れ奉る」二首を作っている。これは、一に「張燕公の『岳州にて宴別す』に答う」と題され、『全唐詩』九八にある。其一では「長沙 旧国を辞し、洞庭に故人に逢う」と、張説との邂逅《かいこう》を喜び、其二では「離心は危旆《きはい》（高く掲げる刺史の旗）の若《ごと》し、朝夕に君の為《ため》に懸《か》けん」のように、惜別の思いを刺史の旗に託し、君のために高々と懸けておきたいとうたう。

韋嗣立《いしりつ》（六五四―七一九）は、進士の出身で則天朝に鳳閣侍郎・同平章事となり、兄の韋承慶《いしょうけい》と交代で宰相を勤め、逍遥公《しょうようこう》に封《ほう》じられ、睿宗《えいそう》の景雲元年に中書令となった。張説は中書侍郎としてその下僚であった。かつて先天元年に尚書左丞分司東都として洛陽に追いやられた張説は、竜門の北渓で韋嗣立や崔日知《さいにっち》・崔泰之《さいたいし》らと賦詩唱和している。韋嗣立は開元二年三月に岳州別駕に貶せられ、張説が岳州に赴任する三年四月以前に陳州（河南省淮陽県）刺史に遷り、七年に没する。張説と王熊の離宴の模様は、陳州刺史だった韋嗣立のもとにも届いた。『全唐詩』九一に韋嗣立の「張岳州・王潭州の別るる詩に和し奉る」二首があり、その序には、「予《よ》昔省閣（中央省庁の官）を忝《かたじけな》くせしとき、岳州の張使君説、潭州の王都督熊と官を同じくし事（職務）を聯《つら》ぬ。後に朝譴《ちょうけん》（帝のとがめ）を承《う》けて、各自東西す。張公と王都督との別るる詩二首、情は頗《すこぶ》る殷切《いんせつ》（ねんごろ）なり。余覧《み》て以《もっ》て嘆《たん》じ、因《よ》りて遥かに申《かさ》ね和《わ》す」と記される。詩の其二には「昔時二賢に陪《ばい》し、纓冕《えいべん》（官僚の制服）神仙を会せり、一去して江海に馳《は》せ、相逢《あいあ》うては共に播遷《はせん》（別離）す」と詠じられる。ここには、輝ける日の記憶と左遷の現実とを共有する者の心からの連帯が込められている。韋嗣立は岳州で張説や王熊と対面しているわけではないが、はるか遠くから岳州小詩壇に書面参加したわけである。

蕭璿《しょうしゅん》（注2）（生没年不詳）は、前掲『全唐詩人名考証』六六ページ所引資料によれば、司勲員外郎、吏部郎中を経て、嶺南按察使《あんさつし》・広州都督となり、のち、東都留守となる。開元四年十二月の玄宗の東都行幸の際には、京兆尹《けいちょういん》の身分で置頓使《ちとんし》に充《あ》てられている。『唐刺史考』巻二五七では蕭璿の広州在任を開元三年から四年とする。張説の「広州の蕭都督の入朝せんとして岳州に過《よぎ》られ宴して餞《はなむ》く、冬の字を得たり」という詩は、前広州都督蕭璿が入朝の途次に岳州を経過した折の作である。そこには「孤城 大江《たいこう》に抱かるるところ、節使（節度使）朝宗《ちょうそう》（みやこ）に往《ゆ》く、果たして是《こ》れ台中の旧（中央省庁の旧友）、依然（昔のまま）たり江中の逢《であい》」とあり、彼らはかつて台閣の故友だった。張説はさらに「京華は遥かにして日の比《ごと》く、疲老 颯《さつ》として冬の如し」と、長安に帰る術のない自分の冬の心を蕭璿に訴える。蕭璿の和答詩は現存しない。

宋璟《そうえい》（六六三―七三七）は、邢州《けいしゅう》南和の人で、進士に挙げられて則天朝に鳳閣舎人なり、剛正な人柄によって権貴にも一目置かれた。睿宗の即位とともに吏部尚書・同三品となり、大平公主の意をはばかった玄宗によって外に出され、楚州刺史・幽州都督を経て京兆尹となる。開元三年正月、小累《しょうるい》に坐《ざ》して睦州《ぼくしゅう》刺史に出され、広州都督に遷り、四年十一月、姚崇《ようすう》の推薦で召還されて刑部尚書となり、吏部尚書兼侍中に遷り、広平郡公に封ぜられる。以後、宰相として玄宗を補佐し、開元の治を支えた宗臣となった。張説の「岳州にて広平宋大夫に贈る」詩は、開元四年暮、広州から上京する途次に岳州に立ち寄った折に贈られたもの。詩は「亜相《あしょう》は本《もと》もと時英《じえい》、帰来して国楨《こくてい》（国家の柱）に復《ふく》す」と歌い起こされる。「亜相」は、御史大夫。広州都督としての寄禄官で、詩題の「大夫」と符合する。ま

宋 璟（『中国歴代名人図鑑』）

た、詩題の「広平」は、この時点で宋璟はまだ広平郡公に封じられていないから、後人の付加か。張説の詩は「寧《なん》ぞ思わん江上の老の、歳晏《さいあん》（歳末）に独《ひと》り成すこと無きを」と、身の不遇を訴えて結ばれる。このときの宋璟の詩は残っていない。

梁知微《りょうちび》（生没年不詳）は、『唐刺史考』巻一六六によれば、王熊の後任の潭州刺史で、在任は約開元五年という。『全唐詩』九六に詩一首がある。その「入朝せんとして張燕公に別る」詩では「華容（麗しいすがた）佳《よ》き山水、之《こ》の子《こ》（張説を指す）承明《しょうめい》（みやこを言う）を厭《いと》う、……、洞庭の浦を迴《かい》瞻《せん》（返り見）すれば、日暮　愁雲生ず」と歌われる。張説には「岳州にて梁六の入朝するに別る」「梁六を送る洞庭山よりの作」「梁知微の海東に渡るを送る」の三首が残る。ただ、三首目の詩は、岳州における作と決める根拠がない。

姚紹之《ようしょうし》（生卒年不詳）は、湖州武康の人で、両唐書「酷吏《こくり》伝」に載る。中宗朝に監察御史として武三思にへつらい仕え、「三思の五狗」の一人となる。左台侍御史に遷り、贓罪《ぞうざい》（収賄罪）で死刑になるべきを韋后の妹に救われ、嶺南の尉に左遷された。開元十三年、括州《かっしゅう》長史に転任して卒《しゅっ》したという。張説の「岳州にて姚紹之に宴す」詩序に、「姚司馬　往《さき》に柏台《はくだい》（御史台）に在りしとき、毎《つね》に骨鯁《こっこう》（硬骨ぶり）を欽《よろこ》ぶ。茲《こ》の荒服《こうふく》（辺地）に及んで、偶《たま》たま官聯《かんれん》（職務のつながり）を得たり」とあり、姚紹之が近隣の州司馬だったことがわかる。「姚司馬に寄す」詩には、「君と共に春に瓜を種《う》え、本《もと》もと清夏の暑さを期せしに、瓜成りて人は已《すで》に去る、失望　誰と語らん、……、偶《たま》たま西風の便《べん》に逢い、之《これ》に因《よ》りて鄂渚《がくしょ》（鄂州の浜）に寄せん」とあり、姚紹之が湖北の鄂州の司馬だったことを示す。この詩の表現からして両者は中宗朝以来かなり親密な関係にあったと想像されるが、その実態は明確でない。姚紹之も貶謫の身の上であった。張説にはまた「岳州にて姚司馬紹之の帰侍を制許せらるるに別る」詩がある。帰省親侍を勅許された姚紹之を送別するもので、冒頭の「和《か》玉《ぎょく》　悲しみ已《や》むこと無く、長沙　宦《かん》成らず」は、ともに冤罪により貶謫されているとする認識の表れである。「和玉」は、容易に真価を理解してもらえなかった和氏《かし》の玉。「長沙」は、漢の長沙王の傅《ふ》（学問の師）として長沙で欝々とした日々を送った賈誼《かぎ》のこと。

都への思慕

岳州小詩壇は、張説・趙冬曦・尹懋らを中心に、岳州を経過する多くの文人がゲスト参加して成り立っていた。張説・趙冬曦はもとより左遷中の身の上であるが、岳州が湖南・嶺南方面への貶謫《へんたく》街道に位置することもあって、ここを経由して入朝する文人たちも、多く貶謫の経歴を有していた。岳州小詩壇とは、貶謫の現在と過去とを共通の体験とする者たちによって構成されたプライベート詩壇で、官途に行き蹇む唐代士人階級が初めて誕生させた特異な形態であった。この詩壇の基底にある情緒は、主催者張説の中朝への復帰の悲願であり、それが、この詩壇の性格を決定している。京師へ、そして、玄宗への思慕の情は彼の詩の中にしばしば現れる。

夜夢雲闕間
従容簪履列
朝遊洞庭上
緬望京華絶
…………
唯有報恩字
刻意長不滅

夢見長安陌
朝宗実盛哉
夢中城闕近
天畔雲海深
空対忘憂酒
離憂不去心
双童有霊薬

夜に夢む雲闕《うんけつ》（宮城）の間
従容《しょうよう》たり簪履《しんり》（官僚の制服）の列
朝に洞庭の上に遊び
緬《はる》かに望めば　京華　絶たる

唯《た》だ報恩の字あり
意に刻して長《とこし》えに滅《めっ》せじ　（「岳州の作」）

夢に見る長安の陌《ちまた》
朝宗　実に盛んなるかな　（「岳州にて梁六の入朝するに別る」）
夢中　城闕（宮城）は近く
天畔《てんぱん》（天の果て）雲海は深し
空《むな》しく対す忘憂の酒
離憂《りゆう》　心を去らず　（「対酒行　巴陵の作」）
双童に霊薬あり

願取献明君　願わくは取りて明君《めいくん》に献ぜん（「洞庭湖に遊ぶ」）

張説の中朝復帰への願望は、すでに長安三年（七〇三）の欽州配流の時期に強く表白され、後年、幽州・幷州の辺境に軍を統べた時にも繰り返される。張説は決して刺史や辺境の将帥の任に満足していない。彼の目指す場所は常に中朝であり、彼は新興士人階級の栄達への意志を一身に体したかのような、進取の気概に溢れているのである。ただしそれは、彼がしばしば中朝から排除される原因ともなったのであるが。

不遇をかこつ岳州小詩壇に幸いしたのは、岳州の山水であった。「濫湖に別る」詩で張説が「渉《しょう》趣《しゅ》してみな賞を留《とど》め、奇として偏《あまね》く尋ねざるなし」と述べるように、彼らは岳州の景勝を探訪し、清新な山水詩を制作した。貶謫の生活の中に山水の幽美を見いだそうとする姿勢は、景と情が融合する新境地を開拓し、「既《すで》に岳州に謫《たく》せられ、詩は益ます悽婉《せいえん》なり、人は江山の助けを得たりと謂う」（『新唐書』本伝）と評されるに至るのである。

また、さらに重要なのは、この時期における内省的な詩の多作である。例えば「聞雨」詩。

窮冬万花匝　窮冬　万花　匝《めぐ》るも
永夜百憂攢　永夜　百憂　攢《あつ》まる

危戍臨江火
空斎入雨寒
断猿知屢別
嘶雁覚虚弾
心対爐灰死
顔随庭樹残
旧恩懐未報
傾膽鏡中看

危戍《きじゅ》（聳えるとりで）江火（漁火）に臨み
空斎（ひとけのない書斎）雨に入りて寒し
断猿（猿の悲鳴）には屢《しば》しば別るるを知り
嘶雁《しがん》（雁の悲鳴）には　虚弾《きょだん》なるを覚《さと》る
心は爐灰《ろかい》（炉端の灰）に対して死し
顔は庭樹に随いて残《そこな》わる
旧恩　未《いま》だ報いざるを懐《おも》い
膽《こころ》を傾けて鏡中に看る

第六句は、矢を受けた経験のある雁は、矢をつがえない弓をから鳴りさせるだけで恐怖にふるえるということ。この詩には、百憂を抱いて眠られぬ夜を過ごす詩人の姿がある。その心象の風景は、飾り気のない言葉で形象されている。いわば、官服を脱いだ宮廷詩人の、普段着の抒情である。張説の岳州時代の思索的傾向の作品には、もう一首の「聞雨」をはじめ、「夜坐」「山夜聞鐘」「岳州夜坐」「巴丘春作」など、数多い。これも「江山の助け」の一端なのである。

『岳陽集』の読まれ方

開元十年（七二二）五月、中書令張説のもとに王泠然《おうれいぜん》（六九二―七二四）から長文の書簡が送られた。『唐摭言《とうせきげん》』「公薦」に収録される、いわゆる「薦を論ずる書」である。この書は、最初に陰陽の不調和による天候不順を論じ、中ごろに功成り名を遂げた宰相は賢人を登用して引退すべきを語り、最後に推輓《すいばん》を願う王泠然の思いを述べる。彼は言う、「昔者《むかし》、公の文章有りしとき、豈《あ》に文章ざらんや、公いまだ富貴ならざりしとき、豈に富貴者の之を用うることを欲せ者の之《これ》を見るを欲《ほっ》せざらんや」と燕公張説に問いかけ、「是れ僕も亦た文章有り、公の見んことを思うなり、亦たいまだ富貴ならず、公の用いんことを思うなり」と、自分が出世前の張説と同じ境遇であると訴える。文章が富貴を保証することは、三たび宰相に至った張説が身をもって示しているのである。

続けて王泠然は、「今　公は富貴の功成り、文章の名遂《と》げ、唯《た》だ身いまだ退かざるのみ」と言い、張説の岳州時代の話題を二つ提示して、張説の引退を迫る。概要は次の通り。

(1)公はかつて南中で『岳陽集』を作り、送別詩の中で「誰か念《おも》わん三千里、江潭の一老翁」とうたった。虞卿《ぐけい》や賈誼《かぎ》のように「窮愁」「流竄《るざん》」の境遇における文学こそが心を寛く安らかにするのだ。ただ、岳州時代、公は生きて京華に入り老いて田里に帰ろうと願っても実現は不可能だったが、今は自分の意志で進退を決定できる。

(2)岳州で公は「五君詠」を作り、「凄涼《せいりょう》たり丞相府、余慶は玄成《げんせい》に在り」とうたった。これを読んだ宰相蘇頲《そてい》は、公を岳州刺史から荊州大都督府長史に遷した。その恩人蘇頲がいま益州大都督府長史として成都で鬱屈の日々を送っている。公は恩義に報いるべく、蘇頲を推挙して交代すべきだ。

(1)の詩句は、張説「岳州にて潭州の王熊に宴別す」其二の尾聯。張説みずからが編んだと王冷然が述べる『岳陽集』の実体は不明ながら、王熊を送別する詩があるのだから、それは張説・趙冬曦ら詩壇の構成員と岳州を経過したゲストメンバーの作品を合わせ収めたものと考えてよい。(注3)
(2)の「五君詠」は、開元四年岳州における張説の作で、魏元忠・蘇瓌・李嶠・郭元振・趙彦昭という五人の故友を詠じたもの。「凄涼たり丞相府、余慶は玄成に在り」は、蘇瓌を詠じた詩の尾聯。張説は蘇瓌・蘇頲父子を漢の韋賢・韋玄成父子になぞらえ、蘇瓌が世を去って丞相府は寂しくなったが、その余慶は子の蘇頲に及んで、蘇頲が丞相となっているとうたう。王冷然は、この詩を読んだ蘇頲が張説を荊州長史に遷したことを知っているのである。

この話は『明皇雑録』に載せられている。岳州に謫せられて欝々とした日々を送る張説は、生前の蘇瓌と友善であったから、「五君詠」を蘇瓌の命日の夕方に蘇頲に届けるよう使者を戒める。使者が指示通りに蘇頲の邸を訪れると、たまたま曇天続きの天候であった上に、弔問客が参集して蘇壊の生前の旧僚の話をしていた。張説の詩を読んだ蘇頲は流涕《りゅうてい》嗚咽《おえつ》し、翌日、封事を上《たてま》って張説の王室への忠勤を説いたので、玄宗は張説を荊州長史に遷したのだという。「五君詠」にまつわるこの話は当時かなり流布していたのだろう。この「五君詠」も『岳陽集』に収められていたに相違ない。王冷然は『岳陽集』をしかと読み抜き、それが張説の富貴の源であったと認識していたのである。

岳州詩壇の活動については、もう一つエピソードが残っている。

> 蜀《しょく》の小将韋少卿《いしょうけい》は、韋表微《いひょうび》の堂兄（父方の従兄）たり。少きより書を喜ばず、箚青《とうせい》（いれずみ）を嗜好《しこう》す。その季父（叔父）、嘗て衣を解きて之《これ》を視《み》しむるに、胸上に一樹を刺《し》（いれずみ）し、樹杪《じゅしょう》（木の梢）には鳥を集むること数十、その下に鏡を懸け、鏡の鼻には索（なわ）を繋《つな》ぎ、人の、側らに止まりて之を牽《ひ》く有り。叔《しゅく》解せずして問うに、少卿笑いて曰わく、「叔は曾《かつ》て張燕公の詩を読まざるや否や。『鏡《かがみ》を挽《ひ》けば寒鴉《かんあ》集《あつ》まる』なるのみ」と。
>
> （『酉陽雑俎』前集八「黥」）

「挽鏡寒鴉集」の句は張説の詩中にはないが、『全唐詩』九〇に「一作父説詩」という題下注を付して収められる張均の「岳陽晩景」詩の冒頭は、「晩景《ばんけい》 寒鴉集まり、秋声 海雁帰る」となっている。この詩の「晩景」と、韋少卿が引用した句の「挽鏡」は近似音であり、文字にうとい韋少卿は、耳からこの詩を覚え、誤解した情景を刺青にしたわけである。韋少卿はこの詩の作者を張均ではなく張説としている。当時そのように伝えられていたわけで、おそらくそれが正しいと思われる。(注4)

韋少卿の堂弟にあたる韋表微は進士出身で、元和十五年(八二〇)には監察御史に拝し、翰林学士となり、文宗朝に戸部侍郎となっている。韋少卿も彼と同時代の人だから、張説のこの詩は、百年ののち、蜀地に勤務する軍人の中にまで、熱烈なファンを得ていたことになる。この詩もおそらく『岳陽集』に収められていたはずである。

江山は左遷された者の味方

張説を主催者とする岳州小詩壇は、栄華の過去と左遷の現在を共有する者たちの文芸活動の場となった。その成果たる『岳陽集』はその原形をうかがう術《すべ》はないが、おそらくこれまで述べてきた作品が含まれていたであろう。

王泠然の上書は、張説が岳州を去って五年ほど後に書かれた。張説はこの五年の間に、幽州・并州方面の辺境に遠征して軍功を立て、左遷にともなって剝奪されていた食実封三百戸を回復され、三度目の中書令となっていた。王泠然は「文章」と「富貴」とは一体のものと考えている。それは何よりも困窮士族の出身に過ぎない張説の、位人臣を極めた事実が証明する。王泠然にとっては、欽州・岳州の貶謫《へんたく》を乗り越えた張説の二度の中朝復活が、士人階級への垂範のようにも見えただろう。張説の『岳陽集』は、「文章」をもって「富貴」に至らんとする士人階級の作詩のテキストとして、さらには、政争の荒波に翻弄される士人階級の共通の心情を預託するものとして、読まれたのではないか。

岳州貶謫詩壇において、張説は第一級の宮廷詩人としての装飾をかなぐり捨て、普段着のいでたちで、自己の思いを、そして岳州の山水をうたった。異郷の山水は詩人の憂愁の網膜を通してはじめて万人のものとなった。張説のこうした文学が、盛唐を貫流して、百年後の韋少卿にも及んだのである。

張説が岳州に左遷されて奇しくもちょうど百年にあたる元和十年（八一五）、白居易（七七二―八四六）は江州司馬に左遷され、九江・廬山の風光に触発されて「清輝と霊気と、日夕に文篇を供す」（「題潯陽楼」詩）とうたった。彼の文学が「閑適」へと傾斜して大成するのも、やはり貶謫の詩人への「江山の助け」があったからなのである。

注1　趙冬曦の二首は、張説の三首のうちの二首と同じである。
2　『唐刺史考』巻六〇では、韋嗣立の陳州刺史在任を、開元六年から七年までとするが、岳州別駕か

らただちに陳州に転じたのなら、それは張説が岳州に来る開元三年四月以前でなければならない。あるいは『全唐詩』小伝に言うように、陳州の前に辰州（湖南省・辰渓県）刺史であったか。辰州は岳州の西方にあり、岳州での張説たちの文学的活動も容易に知ることができた。韋嗣立は張説が岳州に赴任する開元三年四月以前に岳州司馬から辰州刺史に遷り、同五年までは在任したと考えるのが自然である。

3 『全唐詩』に残る趙冬曦の作品は、後年の応制詩三首を除けば、すべて岳州におけるものであり、張均の七首中の五首、尹懋の全四首、王琚の四首中の三首、王熊の全二首、梁知微の全一首も同様である。これは、もし『岳陽集』のようなものにまとめられていなければ、おそらくは伝承されなかったであろうことを示す。

4 「岳州晩景」詩は、四部叢刊本『張説之文集』巻八には張説の作として収められている。なお、四部叢刊本『張司業詩集』巻之八には、「此の詩は、旧選にみな張正言の作と云う」という題下注をともなって収められる。張籍の作とも張正言の作とも伝えられるのであるが、これまでの検討からして張説の作と見るのが妥当であろう。

4　張説の抒情

行旅の抒情

張説は唐代屈指の行旅の人であった。彼の足跡は主要な地域を挙げるだけでも、蜀地（二次、四川省）、幽州（二次、河北省北京市）、欽州（広西壮族自治区欽州県）、相州（河南省安陽市）、岳州（湖南省岳陽市）、幷州（二次、山西省太原市）、夏州（朔方郡、陝西省白城子県付近）など広範囲に及ぶ。年齢からすると二十四歳から五十六歳にわたり、行旅の事情からすると、公務出張、辺境遠征、流謫左遷、行幸扈従《こじゅう》などさまざまである。彼は晩年のほぼ八年を除く人生の相当な期間を、長安・洛陽を離れて生きている。唐代の官僚文人の行旅の事情を、彼はほとんど体験していると言ってもよい。彼がかくも行旅の人であるのは、中官と外職とを往還する官途の浮沈の激しさを示す。張説はまた抗争に明け暮れる苛烈な官途を旅する人でもあったのである。現実の旅と官途の旅とは、彼にとってはほぼ一体なのであった。

彼は他郷に難渋する心情や、官途の哀歓を多く詩に詠じている。「吉川論文」では、張説を「みずからの哀歓を、深刻に表白する詩人としても、杜甫以下の詩人の先駆である」「彼以後の新風の抒情詩の開祖でもある」と位置づけている。

一方、張説は武則天・中宗・玄宗の朝廷において、名誉ある場面で応制・賜宴・扈従などの詩篇を制作した。一〇七ページに述べたように、彼は唐代最多の宮廷詩を残す詩人でもある。しかし、朝官としての身分を作者の条件とし、皇帝の盛徳を讃え国家の太平をことほぐために作られる宮廷詩には、詩人の個人的な抒情は表れにくい。したがって、張説の詩が盛唐詩につながる側面を持つとすれば、それは非宮廷詩に表れた彼の個人的抒情に関連するはずである。

張説の詩に、次のような表現がある。

(1)去年寒食洞庭波　　去年の寒食 洞庭の波
今年寒食襄陽路　　今年の寒食 襄陽《じょうよう》の路（「襄陽路に寒食に逢う」）

(2)去歳荊南梅似雪　　去歳 荊南《けいなん》 梅 雪に似たり
今年薊北雪如梅　　今年 薊北《けいほく》 雪 梅の如し（「幽州新歳の作」）

(3)去年六月西河西　　去年の六月　西河の西
今年六月北河北　　今年の六月　北河の北　（「辺を巡りて河北に在りて作る」）

(1)は開元六年、大都督府長史であった荊州（湖北省江陵県）における作。その前年の寒食節（陽暦の四月四日ごろ）には岳州刺史であった。(2)は開元七年、幽州都督として薊丘（幽州の古称、北京市付近）に駐屯していた時の作。その前年正月は荊州大都督府長史であった。(3)は開元十年、宰相として朔方軍節度使を兼任し、夏州朔方軍に赴いた折の作。その前年六月は并州大都督府長史として太原にいた。これらの表現は、単に反復・語呂合わせのリズムを用いた戯れの作であるとは言うまい。その一年間の境遇の激変に対する彼の感慨が、それぞれに凝縮されているのである。張説は遠距離を旅する行旅の人であると同時に、苦難の官途を旅する人なのであった。

ここでは、特に行旅の人という視点から、異境・他郷という不本意な境遇に官僚人生を送る張説の心情の一端を読み解くことにする。

青年期の旅で

最初に、張説の青年期の旅の感慨に触れよう。二十代半ばで武則天朝に出仕し、太子校書郎に任じられた彼は、三十歳になるまえに二度にわたって蜀地に使いし、九題十首の蜀道詩を残している。そのうち一回は春に洛陽を出発して秋に帰京し、もう一回は一年の長きに及んでいる。この二回の入蜀が、浮沈を繰り返す張説の官僚人生の始まりであった。異境を旅する苦難と都への思慕の情は、蜀からの帰途の作である「江路に郡を憶う」詩に表れる。なお、詩題にある「郡」は、詩の内容から見ておそらく「都」の訛字であろう。長江を下る舟旅で都を思う作である。

霧斂江早明　　霧は斂《おさ》まりて江は早《つと》に明け
星翻漢将没　　星は翻《ひるがえ》りて漢《かん》は将《まさ》に没せんとす
臥聞峡猿響　　臥《ふ》しては峡 猿《きょうえん》の響きを聞き
起視榜人発　　起ちては榜人《ぼうじん》の発するを視る
倚棹攀岸篠　　棹《さお》に倚《よ》りて岸 篠《がんじょう》を攀《ひ》き
憑船弄波月　　船に憑《よ》りて波月を弄《もてあそ》ぶ
水宿厭洲渚　　水宿 洲 渚《しゅうしょ》を厭《いと》い
晨光屢揮忽　　晨光《しんこう》 屢《しば》しば揮忽《きこつ》たり
林沢来不窮　　林沢 来《きた》りて窮《きわ》まらず
煙波去無歇　　煙波 去りて歇《つ》くる無し

張説は峡谷を下る舟で暁を迎えた。霧が晴れて谷は明け、上空の天の川の光も消えかかる。峡谷の猿が悲しげに哭く中を水夫が舟を出す。「榜人」は、水夫。彼は水竿《みざお》を支えに岸の篠竹《しのだけ》を引き折り、舟ばたにもたれて水に映る有明の月に手を伸ばす。舟を宿とするのはつらいことで、水に降り注ぐ朝日の光も揺れ動いて定まらない。「揮忽」は、揺れ動くさま。舟が動き出すと両岸に姿を見せる林や湿地はどこまでも続き、もやに煙る川波は舟を載せて尽きることなく流れ下る。

この峡谷の旅の描写には、異境のおどろおどろしい風景や驚異の景物が現れず、むしろ船旅の一こま一こまが淡々と描かれている。青年のしなやかな感性の表れである。しかし、作者の心は旅の風情を楽しんではいない。みずからの心が浮動していると、彼を包む全世界も浮動する。峡谷の風景を流動の相でとらえ、そこにみずからの心の不安を託す出色の描写である。かくて揺れ動く張説の心ははるか長安へと向かう。

結思笙竽里　思いを結ぶ　笙竽《しょうう》の里《り》
揺情遊俠窟　情を揺らす　遊俠《ゆうきょう》の窟《くつ》
年貌不暫留　年貌は暫《しばら》くも留まらざれば
歓愉及玄髪　歓愉《かんゆ》は玄髪《げんぱつ》に及べ
雲涓恋山海　雲涓《うんけん》は山海を恋い

禽馬懐燕越　　禽馬は燕越を懐《おも》う
自非行役人　　行役《こうえき》の人に非《あら》ざる自《よ》りは
安知慕城闕　　安《いず》くんぞ知らん城闕《じょうけつ》を慕うを

「笙竿の里」は、花街、「遊侠の窟」は、任侠の若者が練り歩く雑踏の巷である。張説は長安の繁華を夢想し、「人の若さは引き留められないから、髪の黒いうちに楽しむのがよい」と実感し、雲や雫《しずく》が山や海を恋い、燕の馬や越の鳥がそれぞれの故郷を思うように、長安を恋う。最終二句の「旅の人なればこそ都を慕うのだ」という述懐には、長安における栄達への意志が、青年張説にくっきりと刻まれているのである。

左遷の地―岳州にて

張説は浮き沈みの激しい人生を送った。彼は、流謫左遷の身を置いた各地で、都を遠く離れて異境に生きる心情を饒舌に語った。ここでは、最も多くの作品が残る岳州時代を中心に眺めてみる。「趙侍御に贈る」詩は、趙冬曦に対して、岳州の春景色の中で文学に心遊ばせ、古人が文学に託した悶えや怨みを捨て去ることこそ学ぶべき生き方であると語りかける。第十七句以下を掲げる。

不知岸陰謝
再見春露泫
緑壌発欣顔
華年助虫篆
上世時難接
古人情可選
泊渚煩為媒
多才怨成編
長沙鵩作賦
任道可知浅
請従三已心
栄辱両都遣

知らず 岸陰《がんいん》の謝《さ》りて
再び春露の泫《したた》るを見んとは
緑壌《りょくじょう》 欣顔《きんがん》を発し
華年 虫篆《ちゅうてん》を助く
上世 時は接し難《がた》きも
古人 情は選《えら》ぶべし
泊渚《はくしょ》 煩《はん》を媒《ばい》と為し
多才 怨みは編《へん》と成る
長沙 鵩《ふく》もて賦を作るも
道に任《まか》せば浅きを知るべし
請《こ》う 三已《さんい》の心に従い
栄辱 両《ふた》つながら都《す》べて遣《や》らん

日差しは明るく露がしたたる春、緑の大地は喜びの表情を広げ、春景色が詩作を助けてくれる。「虫篆」は、詩文の創作。張説は山水の笑顔を詩に取り込もうとする。しかし、彼が接し得ない上世の古人は、必ずしもそうではなかった。長沙の渚に日を過ごした才子は、煩悶を文学の媒介とし、怨みをひたすら燃えさからせた。人の行く道に任せれば川の浅瀬はおのずと知られるものを、漢の賈誼は「鵩鳥賦《ふくちょうふ》」を作って心にわだかまる憤激を訴えたのである。

張説は山水の笑顔の中で、個人的な煩悶や怨恨を表現するのは野暮であると考える。そして、楚の子文《しぶん》が三たび令尹（宰相）となっても喜びの表情を見せず、三たび令尹を馘《くび》になっても怒りの表情を見せなかったのに託して、すべては時の巡り合わせと考えて栄辱の思いにとらわれることはやめようというのである。「三已」は、三度罷免されること。

とはいうものの、張説にとって、文学は単なる消閑や忘憂の具ではない。「対酒行　巴陵の作」では、彼は士人の功名と文学との関係を述べている。

留侯封万戸　　留侯《りゅうこう》は万戸《ばんこ》に封《ほう》じられ
園令寿千金　　園令は千金に寿《ことほ》ぐ
本為成王業　　本《もと》もと王業を成すが為《ため》にして
初由賦上林　　初めは上林を賦《ふ》するに由《よ》る
繁栄安足恃　　繁栄　安《いず》くんぞ恃《たの》むに足らん
霜露逓相尋　　霜露　逓《たが》いに相尋ぬ
鳥哭楚山外　　鳥は哭《な》く　楚山の外

猿啼湘水陰　　猿は啼《な》く 湘水の陰《みなみ》
夢中城闕近　　夢中 城闕《みやこ》 近く
天畔海雲深　　天畔 海雲 深し
空対忘憂酌　　空《むな》しく対す 忘憂の酌
離憂不去心　　離憂 心を去らず

張 良《ちょうりょう》が留侯三万戸に封ぜられのは、漢の高祖を輔佐して王業を達成させたためであり、文帝の園令だった司馬相如《しばしょうじょ》が、武帝に疎《うと》んじられる陳皇后《ちんこうごう》から黄金百斤を受け、彼女のために「長門賦《ちょうもんふ》」を作ったのは、彼の「上林賦《じょうりんふ》」が武帝の嘉賞を得ていたことによる。冒頭四句で張説は、王業の成就と文学上の名声とを強く意識する。張良のような宰臣としての功業と、司馬相如のような文学上の名声とは、彼にとっては獲得すべき車の両輪なのであった。

しかし、岳州刺史として左遷されている現在、かつて玄宗政権の確立のために奔走して得た宰相の地位も、王業をことほぐ宮廷詩人としての資格も、すべて水泡に帰してしまっている。第五・六句の「繁栄は頼むに足りないもので、霜と露が交互に降ってきてすっかり零落《れいらく》の身となった」という述懐は、張良や司馬相如らの「繁栄」が時の流れの中で消滅したことを傷むのみならず、みずからが富貴の過去を喪失し、回復の展望すら見いだせない嘆きの表明なのである。彼は楚山の果て、湘水の南に慟哭する鳥や猿に、自己の思いを重ね合わせる。「夢に見る宮城はすぐ近くにあるのに、天の果ての地は大湖を覆う深々とした雲に閉ざされている。愁いを忘れる酒に向かっても、都を離れた悲しみは心を去らない」という終末は、悲願達成の展望すら見いだしえない絶望の心象の告白なのである。

岳州は僻遠の左遷地であり、張説はしばしば鬱々として楽しめぬ思いをうたい、その一方で、彼はみずから進んで心許せる友人と交わり、山水を跋渉《ばっしょう》して詩作に没頭した。この積極的な意志が彼の文学に新生面を開き、『新唐書』本伝に、「既に岳州に謫せられて、詩は益ます悽婉《せいえん》なり、人は江山の助けを得たりと謂う」と評されるに至る。「悽婉」は、哀しみ傷む意味であるが、これは、岳州の明媚な風光に自適しているかのように見える張説の心の深層には、哀傷の響きがあることを読み取った上での評価なのである。

都と玄宗への思慕

都への復帰をひたすら願う張説の心情は、彼の詩に繰り返しうたわれる。さらに岳州以降は、皇帝玄宗に対する思慕の情が加わる。左遷地での鬱々として楽しめぬ思いの表現とはうらはらに、それは衒《てら》いもなく明快でストレートに告白される。

(1)願作楓林葉　願わくは楓林《ふうりん》の葉と作《な》り
随君度洛陽　君に随いて洛陽に度《わた》らん　(「南中にて蔣五岑の青州に向かうに別る」)

(2)何時似春雁　何《いず》れの時か春雁に似て
双入上林中　双《なら》びて上林の中に入らん　(「南中にて陳賀・李十に別る」)

(3)離魂似征帆　離魂は征帆に似て
恒往帝郷飛　恒《つね》に帝郷に向かいて飛ぶ　(「岳州にて趙国公王十一琚の入朝するに別る」)

(4)双童有霊薬　双童に霊薬有り
願取献明君　願わくは取りて明君に献ぜん　(「洞庭湖に遊ぶ」)

(5)不作辺城将　辺城の将と作《な》らざれば
誰知恩遇深　誰か知らん　恩遇の深きを　(「幽州夜飲」)

(6)遥遥西向長安日　遥遥　西のかた長安の日に向かい
願上南山寿一杯　願わくは南山の寿一杯を上《たてまつ》らん　(「幽州新歳の作」)

(1)(2)は、欽州の作。「南中」は、欽州を指して言う。(3)(4)は岳州の作。(3)は、趙国公王琚が入朝を許され、帰京の途中、岳州で張説と宴別した折の作品である。これらには、ひとり岳州に残される自分を、帰京したらとりなしてほしいという思いが込められる。(5)(6)は幽州の作。玄宗への思い入れはとりわけ深い。都への復帰の願いが強いだけに、赦免・栄転の辞令が下ると、その喜びもまたストレートに表現される。

(7)盛明良可遇　盛明　良《まこと》に遇うべし
莫後洛陽遊　洛陽の遊びに後《おく》るる莫《な》かれ　（「嶺を度《わた》るを喜ぶ」）
(8)比肩羊叔子　比肩せん　羊叔子《ようしゅくし》
千載豈無才　千載　豈《あ》に才なからんや　（「四月一日江を過りて荊州に赴く」）
(9)不果朝宗願　朝宗《ちょうそう》の願いを果たさざれば
其如江漢何　其《そ》れ江漢を如何《いかん》せん　（「荊州亭より入朝す」）

(7)の「嶺を度るを喜ぶ」は、神竜元年（七〇五）春、中宗が即位して欽州から洛陽に召される道中、大庾嶺《だいゆれい》を越える時の作。「盛明」は、豊かで明るい時代。(8)は開元五年（七一七）二月、岳州刺史から荆州大都督府長史への異動を命ずる辞令が伝えられ、四月に長江を渡って荆州に赴く時の作。「羊叔子」は、西晋の羊祜《ようこ》。荆州諸軍事を都督し、呉を討つ戦略を立てた。「肩を並べよう羊叔子、千年に語り継がれる才略は私にもある」という言葉には、張説の自負と精神の高ぶりが表れている。(9)はその翌年、入朝を命じられて荆州を発つにあたり、荆州亭における留別の作。「朝宗」は、多くの川がみな海に流れ込むのになぞらえて、諸侯や地方長官が天子に拝謁することを指す。「朝宗の悲願を果たさなければ、長江・漢江という大河でも何の意味も持たない」とは、朝廷こそがみずからの活動の場であるとする張説の強い思いがにじみ出ているのである。

開元九年（七二一）九月、彼は守兵部尚書・同中書門下三品として朝廷に復帰する。開元元年の暮に外職に追放されてから、足掛け十年の歳月が流れていた。そして翌十年閏五月、宰相張説は朔方軍節度使を兼任して北方巡察に出る。「巡辺在河北作」はその六月の作品であるが、後半四句は、

人生在世能幾時　　人生　世に在ること能《よ》く幾時《いくとき》ぞ
壮年征戦髪如糸　　壮年の征戦　髪は糸の如し
会待安辺報明主　　会《かなら》ず辺を安んじて明主に報ずるを待ちて
作頌封山也未遅　　頌《しょう》を作り山を封《ほう》ずるも也《ま》た未《いま》だ遅からじ

とうたわれる。張説はこのとき五十六歳で、文字通りの「壮年の征戦」であった。後漢の車騎将軍竇憲《とうけん》は北匈奴を撃破して、燕然山《えんぜんざん》に登って山を祭り、功績を石に刻した。張説もそれを意識して、「辺境を平定して明主に勝利を報告した後に、頌を作り山を封じても遅くはあるまい」と言う。この決意の通り、彼は反乱を起こした胡賊の康願子を捕虜にする戦果とともに帰還する。軍旅の中にあっても、張説は、玄宗が太平の世を開くための先兵となって砕身し、玄宗とともに時代に飛翔しようという強い意志を示すのである。

窮地における憂懼

開元十四年（七二六）、尚書右丞相兼中書令張説は、北朝系の門閥官僚である崔隠甫《さいいんぽ》・宇文融・李林甫らと人事を巡って抗争し、彼らの告発を受けた。玄宗は激怒し、金吾衛の兵を発して張説の屋敷を包囲させた。この事件は張説の長い官僚人生で、きわめて危機的な事態であった。彼の「雑詩四首」はおそらくこの時期の制作と思われる。その第三首は次のとおり。

問子青霞意　　子《し》に問う　青霞《せいか》の意ありて
何事留朱軒　　何事《なにごと》ぞ　朱軒に留まると
自言心遠俗　　自ら言う　心　俗に遠ければ

未始迹辞喧
過蒙良時幸
側息吏途煩
簪纓非宿好
文史棄前言

未《いま》だ始めより　迹《あと》は喧《けん》を辞せず
過《あやま》りて良時の幸いを蒙《こうむ》り
吏途《りと》の煩《はん》なるに側息《そくそく》せり
簪纓《しんえい》は宿好《しゅくこう》に非《あら》ず
文史は前言《ぜんげん》を棄《す》てん

張説は自問する、「そなたは隠居の志を持ちながら、なぜ権力の座にいるのか」と。「青霞意」は、隠棲の志。「朱軒」は、貴人が乗る朱塗りの車。そしてみずから、「私の心は俗人とは遠く隔たっているから、始めから喧噪の官僚世界から跡を隠そうとしなかったのだ」と答える。冒頭のこの四句は、陶淵明《とうえんめい》「飲酒」其五の「廬《ろ》を結びて人境に在り、而《しか》も車馬の喧《かまびす》しき無し、君に問う何ぞ能《よ》く爾《しか》ると、心遠ければ地は自ら偏《へん》なり」を意識する。しかし、張説は現実に陶淵明のように悠々自適の境地にはいない。

彼はわが身を位置づける、「誤って良き時代の幸運を受け、官僚の道の煩苛《はんか》さに息を潜めている」と。追いつめられた現在の状況の告白である。そして、「簪纓（官人としての身分）はかねてからの願いではなかった、文史（文芸や学問）については、これまでの著作をすべて破棄しよう」と言う。張説にとってこれまで情熱を注いできた文史とは、単に士大夫としての教養に止どまるものでなく、明らかに官途の栄達に連動するものであった。したがって簪纓の身分を捨てることは、必然的にその立脚の基盤をも放棄することを意味した。ここまで言わなければならないほどに、彼の危機感は深かったのである。

夕臥北窗下　夕べに北窗《ほくそう》の下《もと》に臥《が》し
夢帰南山園　夢に南山の園に帰る
白雲慚幽谷　白雲　幽谷に慚《は》じ
清風愧泉源　清風　泉源に愧《は》ず
十年茲賞廃　十年　茲《こ》の賞を廃《はい》せしも
佳期今復存　佳期　今　復《ま》た存せり
掛冠謝朝侶　冠を掛けて朝侶《ちょうりょ》に謝《しゃ》し
星駕別君門　星駕《せいが》して君の門に別れん

張説はまたしても陶淵明を思い浮かべる。陶淵明は「与子儼等疏（子《こ》の儼《げん》たちに与える書簡）」で、「常に言う、五六月中、北窗の下に臥し、涼風の暫《にわ》かに至るに遇えば、自ら謂う是れ羲皇上《ぎこうじょう》の人なりと」と言う。「羲皇」は古代の伝説上の天子である伏羲《ふっき》氏。「北窗の下に臥す」とは、酷暑を和らげる涼風の快適さを言う。「南山の園」も、陶淵明「飲酒」其六の「菊を采《と》る東籬《とうり》の下《もと》、悠然として南山を見る」や、「園田の居に帰る」其三の「豆を種《う》う南山の下《もと》、草盛んにして豆苗《とうびょう》は稀《まれ》なり」にもとづき、自適の田園生活を言う。

彼はこの十年を振り返る。恥ずかしくも目先の煩雑な事柄にあくせくして、幽谷に白雲を尋ねることも、泉源（川の源流）で清風に吹かれることもなかったと。しかし、今こそその好機が得られた。「官職を辞して朝廷の仲間に別れを告げ、車で星明かりを見ながら天子の門を立ち去ろう」というしめくくりは、煩悶の多い官途から自分の事跡をすべて消し去り、静穏《せいおん》の世界に退避しようという意向の表明なのである。上昇指向の強い張説がこれほどまでに沈んだトーンで退隠の思いを述べるのは稀であるが、官僚人生の歳晩年の危機が、張説を時代を超えて陶淵明に結びつけたのであった。

ただ、張説は、結果として陶淵明のような余生を送られなかった。彼は玄宗から右丞相として再登板を命じられ、左丞相に遷り、開府儀同三司という従一品の文散官（文官の品階）を加えられ、開元十八年（七三〇）十二月、現職のまま薨じたからである。

個性的抒情こそ詩の主役

ここまで、官僚の道をひたすら歩み続けた張説の思いの一端を見てきた。科挙を突破して官途に身を投じようとする唐代の新興階級の出世欲は総じて強烈だった。寒門出身の張説の出世欲もまた同様である。彼はみずからの「芸業」「文史」をもって、官僚世界に飛翔しようとした。そして、彼がそれによって官僚社会に大きな地歩を占めたのは、同時代の誰の目にも明らかであった。

張説は挫折にめげない強靱な精神の持ち主であり、都へそして玄宗への思慕をうたい続ける執念にも似た態度は、左遷や流謫という官僚としての挫折でさえも、文学の題材として十分に成り立つことを証明した。とりわけ岳州で貶謫《へんたく》小詩壇を主宰し、その成果をまとめた『岳陽集』は、文学は個人的抒情に立脚すべきだという主張のあらわれだったのである。盛唐以後、多くの詩人がみずからの身世にもとづいた個性的抒情の世界を構築し、唐詩をますます多彩に豊かにして行く。その流れの上流にいた張説が抒情詩の芽を大きく育て、初唐詩と盛唐詩の橋渡しをしたという評価に誤りはないのである。

5　文章家として

張説は詩人としてのみならず、文章家としても著名である。彼の文章は約二百五十篇が現存し、『旧唐書』本伝に「文を為《つく》ること俊麗《しゅんれい》、用思（構想）は精密にして、朝廷の大手筆（重要文書）はみな特に中旨（天子の内意）を承けて撰述し、天下の詞人、みなこれを諷誦（暗唱）す」と言われるように、時代の高い評価を受けていた。そして続けて「とりわけ碑文・墓志に長じ、当代に能《よ》く及ぶ者なし」と記される、彼が得意とする碑伝文学の作品は、約七十篇が今に伝えられている。その中には、奉勅撰（天子の勅命による執筆）の作が七篇あるほか、裴行倹《はいこうけん》・大通禅師神秀《しんしゅう》・上官昭容・宋璟など、時代の著名人に対するものも多い。一流の文章家たる証明である。

張説の文章については、すでに「鳳閣舎人に与うる書」（二五ページ）、「三陽宮に避暑するを諫むる疏」（三一ページ）を引いたが、ここでは、二三の碑文・墓誌の一部を紹介しよう。

宋璟遺愛碑

「広州都督嶺南按察五府経略使宋公遺愛《いあい》碑頌《ひしょう》」は、開元三年（七一五）、広州都督として赴任した宋《そう》璟《えい》（六六三—七三七）の徳政を讃える六八〇字ほどの碑文と頌で、宋璟が蛮夷の民を教化した状況は次のように記される。文体の特徴を示すために、原文を掲げておく。

　其出守也、人之父母。……、固以不怒而威、不言而信。雖有文身鑿歯、被髪儋耳、衣卉麪木、巣山館水、種落異俗而化斉、言語不通而心喩矣。其率人版築、教人陶瓦、室皆斲墍、昼遊則華風可観、家撤茅茨、夜作而災火不発。棟宇之利也自今始。祖国之舶車、海琛雲萃、物無二価、路有遺金。殊裔胥易其迴途、遠人咸内我辺郡。交易之坦也有如此。故能言之士、挙為美談。

　其《そ》の出《い》でて守《しゅ》たるや、人の父母なり。……、固《もと》より怒《ど》せざるを以て威《い》あり、言《ものい》わずして信ぜらる。文身・鑿歯《さくし》し、被髪《ひはつ》・儋耳《たんじ》し、卉《き》を衣《ころも》にし木を麪《こな》にし、山を巣《すまい》とし水を館《やかた》とし、種落は俗を異にする有りと雖も化することは斉《ひと》しく、言語は通ぜざるも心に喩《さと》す。其《そ》れ人を率《ひき》いて版《はん》築《ちく》せしめ、人をして陶瓦《とうが》せしめ、室は皆《み》な斲墍《とき》にして、昼に遊すれば則ち華風《かふう》観るべく、家は茅茨《ぼうし》を撤《てっ》して、夜作《やさく》して災火発せず。棟宇《とうう》の利や今より始まる。祖国の舶車《はくしゃ》には、海琛《かいちん》雲のごとく萃《あつま》り、物に二価なく、路《みち》に遺金《いきん》あり。殊裔《しゅえい》は胥《たが》いに其《そ》の迴途《かいと》を易《やす》しとし、遠人も咸《み》な我が辺郡に内《した》しむ。交易の坦《たん》なるや此《か》くの如《ごと》き有り。故に能言《のうげん》の士は、挙《こぞ》りて美談を為《な》す。

宋璟は太守として出ると、民の父母であった。……、もとより怒らずして威厳があり、黙っていても信頼された。民は刺青をして歯に穴をあけ、髪をざんばらにし頬《ほほ》をほりこんで糸状の皮膚を肩まで垂らし、草織りの衣を着て桄榔樹《こうろうじゅ》の中の粉末を食べ、山地や水上に棲み、種族の部落は習俗を異にしていても教化は同一で、言葉は通じなくても心にさとした。人民を率いて都市を築かせ、人に瓦を焼かせ、家屋は美しく塗り飾られて、昼間に外出すると中国風の景観が見られ、屋根は茅葺《かやぶ》きをなくして、夜鍋《よなべ》をしても火災は発生しなくなった。家屋の利便はここから始まった。現地の船車には、海の宝が満載され、品物に掛け値はなくなり、道に落ちている金を拾う者はなかった。蛮人たちはたがいに九十九折《つづらおり》の道を困難と思わずやってきて、遠くの人々もみなわが辺郡に親しんだ。交易の順調さはこれほどまでになった。そこで言葉の優れた者たちは、こぞって誉め讃えたのである。

ここには、中国西南部の異民族の風俗や生活が詳細に記され、かの地の民に中国の文明を教えて生活水準を向上させた宋璟の業績が讃えられている。この刻明な記述は、開元四年（七一六）十二月に、宋璟が召還されて入朝する途中、岳州刺史であった張説のもとに立ち寄り、彼にじかに話した内容にもとづくものであるが、一方、張説自身も、これより十二年前の長安四年に、広州を経由してさらに遠い欽州に流された経験があり、そのおりの見聞もイメージされているだろう。

張説が没してちょうど四十年後の大暦五年（七七〇）、顔真卿は三千字に近い長文の宋璟の神道碑銘（「有唐開府儀同三司行尚書右丞相上柱国贈太尉広平文貞公宋公神道碑銘」）を書いた。その碑文では宋璟の広州都督時代の治政について、

前是、首領桀鷔、多拠洞不賓、公之下車、無敢不蔇。彼之風俗、競趨苟簡、茅茨竹檐、比屋鱗次、火災歳起、煨燼無余、公教之度材、変以陶瓦。千甍斉翼、万堵皆興、於今頼焉。燕国公張説、著為碑頌。

是《こ》れより前、首領は桀鷔《けつごう》（猛々しく不従順）にして、多く洞《どう》に拠《よ》りて賓《ひん》（服従）せざるも、公の下車《げしゃ》（赴任）するや、敢《あえ》て蔇《いた》らざるもの無し。彼《か》の風俗は、競いて苟簡《こうかん》（一時しのぎ）に趨《おもむ》き、茅茨竹檐《ぼうしちくえん》（茅葺き屋根と竹の軒先）、比屋鱗次《ひおくりんじ》（家が鱗のように並ぶ）し、火災は歳《とし》ごとに起こり、煨燼《わいじん》（燃えつくす）して余《あま》す無きに、公 これに度材《どざい》（材木伐採）を教え、変ずるに陶瓦《とうが》（焼き瓦）を以てす。千甍《せんぼう》（多くの瓦屋根）は翼《つばさ》（家の軒）を斉《ひと》しくし、万堵《ばんと》（多くの垣根）皆興《おこ》り、今に於《お》いて焉《これ》に頼《たよ》る。燕国公張説 著して碑頌を為《つく》る。

と記されている。宋璟が広州で仁政を施した事柄に関しては、顔真卿の文章は張説よりかなり簡略である。張説の遺愛碑が宋璟の仁政そのものを讃えるのが目的であるのに対し、顔真卿の神道碑の

記述は、死後にその全生涯を讃えて墓道に建てられる神道碑に、記事の一部分として織り込まれる逸話であるという記述目的の違いはあるが、顔真卿はこの部分については、張説の記述に下駄を預けてしまっているのである。

張説の文章は、中国とは異なる蛮地の状況を記述する言葉にやや難解な面はあるが、叙述の文体は基本的に平坦で明解である。そして、その文体は四言句・六言句の中に五言句・七言句・八言句が入り混じり、かなり自由である。それに対して、顔真卿の文章はほとんどが四言・六言のリズムで構成されている。ただし、碑文の文体としては、顔真卿のほうが常体なのである。

当時の標準文体は、四六駢儷文《べんれいぶん》であった。それは、四言句と六言句をベースに、対句を多用し、難解な故事を下敷きにして、きらびやかな言葉を連ねたものであり、響きや見た目は美しいものの、内容には空疎なものが多かった。張説の右の記述は、自由で明解で達意の文章である。彼が中唐期からにわかに盛んになる唐代古文の先駆をなすと評されるのも、もっともなことである。

裴行倹神道碑銘

次に、張説より一世代前の名将である裴行倹《はいこうけん》（六一九—六八二）の「贈太尉裴公神道碑銘」を見てみよう。裴行倹は、張説の故郷に近い河東聞喜《ぶんき》（山西省聞喜県）の人で、北朝以来の名門の出身である。この碑銘は、張説が裴行倹の没後四十八年にあたる開元十八年（七三〇）に、その子の侍中裴《はい》光庭《こうてい》（六七六―七三三）の依頼により執筆したもので、張説の最晩年の作品である。

裴行倹は朝廷では吏部侍郎として有為の人材を登用し、礼部尚書にも昇った有能な官僚であったのみならず、三度にわたって塞外に出征して大功を建た人物で、文武にわたる大活躍は、張説自身が歩んできた人生の経歴にも重なる。時の宰相裴光庭の依頼であることもあって、裴行倹の神道碑銘執筆に対する張説の意気込みはとりわけ強いものがあっただろう。この作品は二千六百字を超える長文で、裴行倹の家系・少年時代の研鑽・官歴と業績など、碑伝の必要項目はすべて記されているが、その中に張説は、裴行倹の超人的能力、優れた人格を浮き彫りにするエピソードを豊富に織り込んでいる。

まず、高宗の朝露《ちょうろ》元年（六七九）六月、裴行倹が西域に赴いたおりの逸話である。この西域行は、犬戎《けんじゅう》（チベット族）と連携して不穏な動きを見せる西突厥《にしとっけつ》の匐延都支《ふくえんとし》と李遮匐《りしゃふく》とを牽制するため、人質として長安にいた波斯《はし》（ペルシャ）の王子泥涅師《でいでつし》を本国に送り返すというのが口実であった。

公の波斯《はし》を送るや、莫賀延磧《ばくがえんせき》（砂漠の名）の中に入り、風沙《ふうさ》の大いに起こるに遇《あ》う。天地は瞑《めい》晦《かい》（暗黒）にして、引導《いんどう》（道先案内人）も皆迷う。因《よ》りて徒《と》（従軍兵）に息《いこ》うを命じ、至誠もて虔《つつし》み禱《いの》り、衆に徇《とな》え（お触れを出し）て曰《い》わく、「井泉《せいせん》（オアシス）は遠からず」と。須臾《しゅゆ》（たちまち）にして風は止み氛《ふん》（妖気）は開き、香泉・豊草の宛《さな》がらに営側《えいそく》（キャンプのわき）に在《あ》る有り。後来の人も、其《そ》の処《ところ》を知る莫《な》し。此《こ》れ乃《すなわ》ち耿恭《こうきょう》の拝井《はいせい》、商人の化城《けじょう》なり。

「耿恭の拝井」は、後漢の耿恭が西域の疏勒《そろく》城に立てこもったおり、匈奴《きょうど》が谷水を断ち、城中に井戸を掘っても水が出ず、城士ははなはだ困窮したが、耿恭が衣を整えて井戸に向かって祈ると水が噴出したという故事で、『蒙求《もうぎゅう》』には「耿恭拝井」として載せられる。「商人の化城」は、『法華経』七喩の一つの「化城喩品《けじょうゆほん》」にもとづく話で、砂漠の悪路を経て目的地におもむく隊商のリーダーが、疲れて引き返そうとする隊員に対して、不思議な力によって化城（幻の都市）を作り出して彼らの疲れをいやし、ついには真の目的地に導くというたとえ。張説は神業《かみわざ》にも等しい超能力を発揮した裴行倹を、耿恭や砂漠の隊商の指導者になぞらえて顕彰するのである。

この年九月に帰朝した裴行倹は、休む間もなく十一月に三十余万の大軍を率いて山西省大同方面に遠征するが、そのおりの逸話も記される。

軍　朔州《さくしゅう》に至り、斥候《せっこう》（偵察兵）相接す。匈奴の故態《こたい》（通常戦法）は、糧《りょう》を劫《うば》いて以て師《し》（軍隊）を餒《う》えしむるに狃《な》る。神将（裴行倹のこと）奇［策］を出だし、虚勢（みせかけの態勢）を張りて以て敵に啗《くら》わさんとす。転運《てんうん》（物資輸送）を為《な》すを偽って、其《そ》の壮士を伏せ、羸師《るいし》（疲れた兵士のさま）を示して以て緩《ゆる》やかに行かしめ、精騎（精鋭騎馬隊）を隠して以て跡を躡《お》わしむ。

寇《こう》（敵）果たして大いに下《くだ》り、援兵《えんぺい》（車を引く兵）は奔散《ほんさん》す。驕虜《きょうりょ》（勝ち誇った敵）は益《ます》ます驁《おご》り、自《みずか》ら得たるの色《いろ》を為《な》し、此《こ》の車牛を駆《か》りて、彼《か》の泉井に憩《いこ》わんとす。是《こ》に於《お》いて箱中の兵起こり、千弩《せんど》（弓部隊）は斉《ひと》しく発し、路に要（待ち構え）する騎は飛びて、一息《いっそく》（たちまち）にして至り、群胡《ぐんこ》（多くの匈奴）は顛沛《てんぱい》（壊滅）し、殺傷　野に満つ。茲《これ》より饋運《きうん》（食糧運搬）は、路に驚かす者なし。

裴行倹は、荷駄《にだ》の車に空《から》の荷物箱を載せ、その中に兵士を隠し、護衛兵にはわざと疲れた足取りをさせて敵の襲撃を誘い、一方、精鋭部隊にひそかに追跡を命じていた。敵が襲撃すると護衛兵は予定通り逃げ去り、勝ち誇った敵が荷駄隊をオアシス引き入れるや、荷物箱の中に隠れていた兵士が一斉に矢を射かけ、後続の精鋭部隊も襲いかかって、匈奴の部隊は壊滅した。まさにトロイの木馬さながらの戦術であった。このことは両唐書の「裴行倹伝」にも記され、ともに張説の文章よりも小説風で説明的な表現になっているが、それは事柄を明瞭に印象的に記述しようとする歴史書の必要からである。張説の叙述は、表現上の制約の多い神道碑の文中で、十分に精彩を放っていると言ってよい。この神道碑には、さらに裴行倹の人格を示す逸話が記されている。

公　礼闈《れいい》（礼部）に在りしとき、勅《ちょく》して善馬《ぜんば》及び宝鞍《ほうあん》を賜る。令史《れいし》（事務官）奔馳《ほんち》（疾駆）せしむるや、馬は倒れ鞍は破れ、懼《おそ》れて罪を逃《のが》れんとす。公 これを召さしめて曰わく、「汝《なんじ》の誤れるを知るのみ」と。また都支・遮匐（反乱を起こした蛮族の頭目の名）を平《たい》らげしとき、大いに珍異を獲たり。酋長《しゅうちょう》・将吏、遍《あまね》く焉《これ》を観んと請《こ》う。馬瑙《めのう》の大盤《たいばん》（大皿）有り、希代の宝なり。随軍《ずいぐん》（軍吏）の王休烈《おうきゅうれつ》、盤を捧《ささ》げて趺倒《てっとう》し、時に応じて砕かる。［王休烈］叩頭《こうとう》（頭を地面に打ちつける）流血し、惶怖《こうふ》して死せんと請う。公 笑いて曰わく、「事に意《おも》わざること有り、何ぞ宝を重んじて人を害するに至らんや」と。此れまた文饒《ぶんじょう》の含容《がんよう》、邴吉《へいきつ》の仁恕《じんじょ》なり。

「文饒」は、寛容な人柄で知られた後漢の劉寛《りゅうかん》の字《あざな》で、官吏に罪があれば柔らかい蒲《がま》の鞭《むち》でたたき、辱《はずか》しめを示したという話が『蒙求』「劉寛蒲鞭《ほべん》」にある。「邴吉」は、恵み深かった前漢の宰相丙吉《へいきつ》のこと。彼は春に牛が舌を出して喘ぐのを見て、それは陰陽が調和を失っているからで、陰陽がバランスを失えば民の生活が損なわれ、その責任は宰相にあると語った話が『蒙求』「丙吉牛《ぎゅう》喘《せん》」にある。張説が、部下の過ちに寛大で無欲な裴行倹の人柄を、誰もが知っている劉寛や丙吉の故事を用いて賞讃するのは、明解で達意の表現を目指す彼の姿勢の現れと言ってよい。

張説の文章の評価

ここに見た張説の碑伝文学では、その記述の中にかならず主人公の人格や業績を象徴する逸話が、平明な表現によって織り込まれていた。しかも、彼が引用する故事は、多くの人々がよく知っている『蒙求』にあるレベルの話で、決して難解ではない。達意を旨とする行き方である。また、その発想のスケールは大きく、豊かな想像力に満ちている。張説のこのような持ち味が、唐代古文の精神を導くものとして評価されるのである。

張説が没して二十三年後に生まれた中唐の梁粛《りょうしゅく》（七五三―七九三）は、左補闕・翰林学士であった李翰のために書いた「補闕李君前集序」で、唐の文章の変遷について次のように述べる。

> 唐の天下を有《ゆう》すること幾《ほと》んど二百載にして、文章は三変す。初めは則ち広漢《こうかん》（四川省の郡名）の陳子昂《ちんすごう》、風雅を以て浮侈《ふし》（飾り立てた文章）を革《あらた》め、次は則ち燕国張公説、宏茂《こうも》を以て波瀾《はらん》を広くす。天宝より已還《いかん》は、則ち李員外（李華《りか》）・蕭功曹（蕭穎士《しょうえいし》）・賈常侍（賈至《かし》）・独孤常州（独孤及《どくこきゅう》）、肩を比べて出づ。故に其《そ》の道は益《ます》ます熾《さか》んなり。

梁粛はみずからも三十篇を超える墓誌銘・神道碑・祭文・行状などの碑伝文学の作品を残す文章家である。彼の見解によれば、唐の建国から二百年に近づくまでに、文章は三度変った。最初は陳子昂（六五九―七〇〇）が風雅の精神をよりどころに華麗で空疎な文章を革新した。次に、張説は広く豊かな文学精神をもって、大波小波のように変化し躍動する文章を展開した。続いて天宝以降は李華（七一五―七六六）・蕭穎士（七一七―七六八）・賈至（七一八―七七二）・独孤及（七二五―七七七）らが肩を並べて現われ、文章の道はますます盛んになったのである。

第二次の変革者と位置づけられる張説は、陳子昂のような明確な古文意識をもって文章の創作にあたったわけではないが、事柄を印象的に表現したいという彼の文章家としての内的必然が、当時の形骸化した駢驪文の枠をはみださせ、それが古文の方向に進んでいったのである。

また、張説は、自身の意図せぬことながら、古文家の人脈形成においても一定の役割を果たすことになった。まず、孫逖《そんてき》（六九六―七六〇？）は開元十年に文藻宏麗《ぶんそうこうれい》に科及第して左拾遺を授けられたが、張説はその才を重んじ、子の均と垍《き》に挨拶に行かせ、孫逖もまた張説の門に足しげく出入りした。彼は後年張説のために「遺愛頌」を書いた才学の人である。その孫逖は、李華・蕭穎士を推奨した。天宝期を中心に活動した李華・蕭穎士・賈至は親しい友人同士で、独孤及を認め韓愈《かんゆ》の長兄の韓会《かんかい》（七三七―七七九）を愛奨した。独孤及は梁粛を導き、さらに梁粛が科挙の試験委員長として韓愈（七六八―八二四）を合格させた。これらは張説の意図したことではないけれども、張説が唐代古文の振興に果たした先進的役割を象徴しているかのようである。

韓愈の弟子の皇甫湜《こうほしょく》は「諭業」（文業を明らかにする）という文章で、「当代の作品は張燕公がことごとく論評しているから、燕公以降の文章について論評する」と前置きして、張説以下十一人の文章の印象を語っている。張説については、次のように言う。

燕公の文は、梗《こう》・楠《なん》（ともに楠《くすのき》に似た木の名）を用いて高楼を建築したかのようで、上には棟がそびえ下には軒が張り出し、天候を養い育て、陰陽を調和し寒暑を改め、天子が座って群臣を引見するのにふさわしい。

「吉川論文」では、これは「その構成のたしかさをたたえたのである」とされる。「陰陽を調和させる」のは宰相のつとめでもあり、皇甫湜の比喩的な論評には、張説がすぐれた文章家であっただけでなく、開元の名宰相として玄宗の治世を補佐した、その業績に対する賞賛が含まれているのである。

6　文壇の長老として

唐代文学史では、ふつう唐が建国された武徳元年（六一八）から玄宗の先天元年（七一二）までの約百年間を初唐に区分している。そのうち張説は、天授元年（六九〇）に文壇に登場してから開元十九年（七三一）に没するまで、約四十年にわたって文学活動を展開した。その四十年は、初唐の終わり二十年と盛唐の始まりの二十年にほぼまたがっている。彼は盛唐の初めに身を置いて、初唐文学をふりかえって総括する位置にいるわけである。

張説は、高宗朝を中心に活動した盧照鄰《ろしょうりん》（六三七―六八九）、駱賓王《らくひんおう》（六四〇？―六八四）、王勃《おうぼつ》（六五〇？―六七六？）、楊炯《ようけい》（六五〇―六九五？）らの、いわゆる「王楊盧駱」・「初唐の四傑」と称される人々よりは後輩にあたるが、そのうち楊炯とは交友関係があり、また、同じく自分よりやや年配にあたる李嶠《りきょう》（六四五？―七一四？）、杜審言《としんげん》（約六四五―七〇八）、蘇味道《そみどう》（六四八―七〇五）、崔融《さいゆう》（六五三―七〇六）らの、いわゆる「文章の四友」と称される人々のうち、蘇味道・崔融らとは、詩文の唱酬を行なっている。さらに、律詩の成立に貢献したとされる沈佺期《しんせんき》（六五六？—七一四）・宋之問《そうしんもん》（六五六？—七一三）のいわゆる「沈宋」も、張説よりはやや年長であるが、武則天・中宗の両朝にわたって宮廷詩人として張説と同じ場面で詩作している。

張説は文学と学問に秀でた後進を積極的に推奨した。それは、『旧唐書』「韋述伝《いじゅつでん》」に「［張］説《えっ》は詞学（文学と学問）の士を重んじ、［韋］述は張九齢・許景先・袁暉《えんき》・趙冬曦《ちょうとうぎ》・孫逖《そんてき》・王翰《おうかん》と、常に其《そ》の門に游ぶ」と記されている。彼が推奨した詞学の士で、開元年間に活躍した者として、ほかに賀知章・徐堅・尹知章《いんちしょう》・斉澣《せいかん》・王灣《おうわん》らがよく知られる。張説は、初唐後期には先輩文人と交遊し、盛唐初期には後進文人を引き立て、結果として初唐・盛唐の両期を視野に収める位置にいたのである。彼には文学や文人に関する発言も多い。ここでは、その批評家ぶりを見てみよう。

楊炯の不満

『旧唐書』「文苑・楊炯伝」には、四傑の名前の順列に関して次のような記事を載せる。

楊炯は王勃・盧照鄰・駱賓王と文芸上の名声を等しくし、世の人々は彼らを王楊盧駱《おうようろらく》と呼び、四傑とも呼んでいた。楊炯はそれを聞き、「吾は盧の前に在るを愧《は》じ、王の後に居るを恥《は》ず（私の名が盧照鄰の前にあるのは気はずかしいが、王勃の後ろにあるのは恥辱だ）」と言った。当時の人々も、その通りだと思った。そののち、崔融・李嶠・張説はともに四傑の文を重んじた。崔融は、「王勃の文章はスケールが大きく生き生きしていて俗塵を離れた趣きがあり、凡人の及ぶところではない。楊炯と盧照鄰なら追いつくことができよう。楊炯の発言はもっともだ」と述べた。張説は、「楊炯の文章の構想は、滝が水に注ぐようで、いくら汲んでも尽きない。盧照鄰に優っているだけでなく、王勃にも劣らない。『王勃の後ろにいるのは恥辱だ』と言うのはもっともだし、『盧照鄰の前にいるのは気はずかしい』というのは謙遜だ」と述べた。

この記事は『大唐新語』「文章」にあるものが原形であり、『新唐書』「文苑伝・上」の四傑の伝記の後に挿入されている記事にも簡略化して引用されるが、それらにはともに崔融のコメントがない。「王楊盧駱」の順列については、王と楊が盧と駱より年代が若いところから、当時の人々は、近い年代の二人を組み合わせ、さらに、王と楊は畳韻《じょういん》、盧と駱は双声《そうせい》の関係であるから、いわば語呂合わせにも似たリズミカルな口調にのせてオウ・ヨウ・ロ・ラクと呼んだのであるが、楊炯はその名前の順列に優劣の意識を重ねたわけで、四傑仲間に対する彼のライバル意識の現れとも言えようか。ただ、楊炯は王勃の没後に、彼のために「王勃集序」を書いてその才能と業績を絶賛しているから、このときの楊炯の発言は一種のたわむれであったのかもしれない。

ちなみに、郗雲卿《ちうんけい》は中宗朝に帝命により駱賓王の詩文を収集して十巻とした人物であるが、その

『駱賓王文集』に付せられた郗雲卿の原序には、「[駱賓王は]高宗朝に盧照鄰・楊炯・王勃と文詞もて名を斉《ひと》しくし、海内《かいだい》これを称《たた》え、号して四傑と為し、また盧駱楊王四才子と云う」と記される。「盧駱楊王」という呼び方もあったわけで、その配列はおそらく年齢順なのであろうが、これならば、楊炯の不満はなかったかもしれない。

楊炯の発言について、崔融は王勃の優位を認め、楊炯と盧照鄰は王勃を追いかける位置にいると評価したが、張説は楊炯が優れていると認めていて、両者の見解には差異がある。『新唐書』「文芸伝」序では、唐の三百年のうち文章はおよそ三変したと述べたあと、高祖・太宗が隋末の大乱を平定した初期の文章は、南朝の余風を継承し、章句を飾りリズムを工夫したもので、「王・楊これが伯《は》と為る(王勃・楊炯が覇者となった)」と位置づけている。楊炯のプライドはひとまず満たされたわけである。

ところで、さきに引いた張説の「贈太尉裴公神道碑」には、裴行倹が吏部侍郎として官吏の選考を掌ったとき、当時の文人に対する論評をしたことが記されている。

選曹(吏部)に在りしとき、駱賓王・盧照鄰・王勃・楊炯を見て評して曰わく、「炯は才名有りと雖《いえど》も、令長(県知事)に過ぎず、其《そ》の余は華《か》にして実《じつ》あらず、克《よ》く終《おわ》りを令《よ》くすること鮮《すくな》し。蘇味道・王勮《おうげき》を見て曰わく、「十数年外には、当に衡石《こうせき》(人材選考の職務)に居《お》るべし」と。後各《おの》おの其《そ》の言の如《ごと》し。

裴行倹が司列小常伯（吏部侍郎）に任じられたのは高宗の総章二年（六六九）で、彼は十年にわたって官吏の選考の任に当たるが、それは四傑のうちの若輩である王勃・楊炯のほぼ二十代に相当する。そのころ彼らは、年配の盧照鄰・駱賓王と並んで十分に文学的名声を得ていたのである。裴行倹が四傑を論評したのは、吏部侍郎となった総章二年から王勃が二十八歳で世を去る上元二年（六七五）までの六年間ということになる。このエピソードを碑文に盛り込んだ張説は、当時はまだ十歳にもなっていない。

初唐の四傑に対する裴行倹の評価は厳しい。そのうち楊炯だけがやや高く評価されていて、他の三人は「うわべばかりで実がなく、まともな死に方ができる者は少ないだろう」とまで酷評されている。一方、蘇味道と、王勃の次兄の王勮（?—六九六）は、十数年後の出世を予見されている。結果として、楊炯は盈川《えいせん》令（浙江省金華県の知事）に終わり、駱賓王は、李敬業が起こした武則天打倒のクーデターに参加して敗死、盧照鄰は病苦に耐えられずに入水死、王勃は、自分の不始末から交《こう》趾《し》（ベトナムのハノイ付近）の県知事に左遷されていた父を尋ねる途中、南海に落ちて溺死した。一方、蘇味道は武則天朝に天官（吏部）侍郎を経て宰相に昇る。王勮も武則天朝に鳳閣（中書）舎人を経て天官侍郎となっている。これからすると、裴行倹の六人に対する予見はすべてがその通りになったわけで、恐るべき予知能力であるが、話ができすぎているという印象すら受ける。ただ、原序に元和二年（八〇七）の日付を残す『大唐新語』「知微」には、「士の遠《とお》きを致《いた》すや、器識《きしき》（器量見識）を先にして文芸を後《のち》にす。［王］勃等は才名ありと雖も、浮躁浅露《ふそうせんろ》（軽薄で浅い）なり、豈《あ》に爵禄《しゃくろく》を享《う》くる者ならんや。楊［炯］は稍《や》や沈静に似たり、応《まさ》に令長に至るべし、並びに克く終《おわ》りを令《よ》くすること鮮《すくな》し」という裴行倹の発言を載せている。『大唐新語』がこれを運命の機微を知るという「知微」篇に収めたのは、裴行倹の眼力の確かさを讃えてのことである。裴行倹の視点は遠大な業績を残す士人に置かれ、彼らの見識・行動に向けられており、四傑の文学活動そのものに向けられていないことは疑いない。張説もおそらくこの記事を、裴行倹の人物鑑定眼の確かさを強調するために掲げたのである。

張説の文章観

宋の孫逢吉《そんほうきつ》の撰に成る『職官分紀』巻十五「集賢院」の章の「大学士・学士」の項に、「［集賢学士は］一時の文詞の美を擅《ほしいまま》にす」という句があり、その下に唐の韋述の『集賢注記（集賢記注ともいう）』から、次のような話が引かれている。韋述は集賢学士で、『集賢注記』はかなりの部分が散逸しているものの、開元・天宝期の集賢院の状況に関する貴重な記録である。

〔開元〕十六年、張燕公（張説）は右丞相を拝命し、集賢院学士・知院事（院長）の身分はもとのままだった。燕公は徐常侍（徐堅）と聖暦年間にともに珠英学士（『三教珠英』の編纂メンバー）となって以来つねに尊敬し合い重んじ合う仲だったが、このころになると旧学士たちは死亡してあらかた尽き、ただ二人が生き残っているだけだった。燕公はかつてみずから同時代の諸文士の名を書き記し、二人でそれを観てややしばらく嘆きに沈んだことがあった。

徐堅「諸公は昔みな一時代の詩文の美をほしいままにしました。彼らの優劣はどのように考えておられますか」。

張説「李嶠・崔融・薛稷《せっしょく》・宋之問の文は、みな良金・美玉のようで、どのような分野にも適合します。富嘉謨《ふかぼ》の文は、独立峰や絶壁が万仭《ばんじん》の高さにそそり立ち、叢雲《むらくも》が湧きあがって雷鳴がとどろくに似て、まことに畏《おそ》るべきです。もしこれを廊廟《ろうびょう》（国政の場）に用いれば、驚きをもって迎えられるでしょう。閻朝隠《えんちょういん》の文は、美服麗粧《れいしょう》の女に、刺繍をした綾《あや》絹《ぎぬ》を着せて、燕の地の歌をうたい趙の地の舞いを舞わせるようなもので、観る者は憂いを忘れるでしょうが、もしこれを『詩経』の大雅《たいが》・小雅《しょうが》や頌《しょう》と比較するなら、それは罪人です」。

徐堅「今の若い人たちの詩文では、誰が優れておりましょうか」。

張説「韓休《かんきゅう》の文は、大羹《たいこう》（祭祀に用いる調味料を入れない肉スープ）や玄酒《げんしゅ》（祭祀に用いる酒代わりの水）のようで、古典の手本にはなりますが、深い味わいに欠けます。許景先《きょけいせん》の文は、豊満できめこまやかな肌のようで、盛んに咲いた花は愛すべきものですが、風骨に乏しい。張《ちょう》九齢《きゅうれい》の文は、軽くて上等な白絹のようで、時世の困難を救う役には立ちますが、スケールに乏しい。王翰《おうかん》の文は、美玉で作った杯のようで、きらきら輝いて珍重すべきですが、きずも多い。これらの諸君はおのおの欠点に気をつけ長所を発揮すればまた一時代の秀才として前賢を継ぐことができましょう」。

この話は、『大唐新語』「文章」や、『旧唐書』「楊炯伝」などにも、多少の形を変えて収録される。韓休の文に関する「玄酒」の語は、『旧唐書』では「旨酒」となっているが、「うま酒」では意味が逆になってしまう。また、許景先の文に関して『旧唐書』「許景先伝」には、張説が「許舎人の文は、峻峰・激流の険しい勢いはないが、内容は豊かで美しく、中和（ほどよく穏やか）の気が感じられ、一時代の秀才といえる」と評したとあり、『新唐書』本伝もほぼ同様である。

『集賢注記』には張説と徐堅の討論は開元十六年と記されているが、張説が右丞相になったのは開元十七年三月で、徐堅が没するのは同年五月であるから、『張説年譜』ではこれを開元十七年三月から五月までのこととする。張説も翌年末に没するから、両者ともに人生の最晩年に相当する時期である。時に張説は六十三歳、徐堅はそれよりやや年長と見られる。

張説は李嶠・崔融・薛稷・宋之問の文章を「良金・美玉」と評する。内容と表現がともにすばらしいと言うのである。富嘉謨の文章は荒々しくとも力強さが生命である。彼は呉少微《ごしょうび》と並んで「呉富体」と称される「雅厚雄邁」な作風によって知られる。閻朝隠の文章は、ただ美しいだけで風雅の精神に欠けると批難される。若い世代に対する批評からは、深い味わい、風骨（強い生命力）、スケール、きらめきなどを重要視する考えがうかがわれる。これが張説の文章観の一端である。

張説の文学史認識

梁粛によって、唐の文章を最初に変革したと評される陳子昂は、左史東方虬《とうぼうきゅう》に与えた「修竹篇」の序で、「文章の道弊《すた》れて五百年、漢魏《かんぎ》の風骨、晋宋《しんそう》に伝わるなし、……、僕嘗《かつ》て暇時に斉梁《せいりょう》の間の詩を観るに、彩麗《さいれい》（修飾の技法）は繁《しげ》きを競いて、興寄《きょうき》（諷喩の精神）は都《す》べて絶えたり」と断じ、漢魏の風骨への復古を唱えたことはよく知られている。五百年はおおよその数字で、陳子昂から五百年前とは、後漢から魏に相当する。陳子昂は、漢魏までの文学を評価し、晋宋以降を否定するのである。陳子昂の親友であった盧蔵用《ろぞうよう》は、「拾遺陳子昂文集序」で、漢代以後の文学の流れについて、さらに具体的に述べている。

漢興りて二百年、賈誼《かぎ》・[司]《し》馬遷《ばせん》これが傑たり。礼楽を憲章《けんしょう》（よりどころとして明らかに）し、老成の風有り。［司馬《しば》］長卿《ちょうけい》・［揚《よう》］子雲《しうん》の儔《ともがら》は、瑰詭《かいき》（不思議な美しさ）万変《ばんぺん》し、亦た奇特《きどく》の士なり。惜しむらくは、其の王公大人（王公貴族）の言は、流辞（空虚な言葉）に溺れて顧みられざること。其《そ》の後 班《はん》［固《こ》］・張《ちょう》［衡《こう》］・崔《さい》［駰《いん》］・蔡《さい》［邕《よう》］、曹《そう》［植《ち》］・劉《りゅう》［楨《てい》］・潘《はん》［岳《がく》］・陸《りく》［機《き》］、波に随いて作《おこ》り、大雅は足らずと雖も、其の遺風余烈は、尚《な》お典型（模範となること）有り。宋斉の末、蓋《けだ》し顦顇《しょうすい》（やせ衰える）せり。逶迤《いい》（斜めに曲がる）として陵頽《りょうたい》（衰え崩れる）し、流靡《りゅうび》（流れさまよう）して返るを忘れ、徐《じょ》［陵《りょう》］・庾《ゆ》［信《しん》］に至りては、天の将《まさ》に斯文《しぶん》（文学）を喪《ほろ》ぼさんとするなり。後進の士、上官儀《じょうかんぎ》の若《ごと》き者、踵《きびす》を継《つ》ぎて生じ、是《ここ》に於《おい》て風雅の道は、地を掃いて尽きたり。……、道喪《うしな》われて五百歳にして、陳君を得たり。

漢代二百年の中で、賈誼・司馬遷は、礼楽を拠るべき基礎として明らかにして老練の域に達した傑人である。司馬相如・揚雄は不思議な美しさが変化する作品を残す特に優れた文人であるが、ただ惜しまれるのは、彼らの帝王賛美の作品は、表現が浮わついていて評価できないこと。後漢では班固・張衡・崔駰・蔡邕が、魏晋では曹植・劉楨・潘岳・陸機が次々に現れ、正統で雅びやかな文学の精神は不足気味だが、それでも彼らが残した立派な文学は模範となり得る。しかし、南朝宋・斉のころから文学は衰退迷走して根本に返るのを忘れ、梁の徐陵や庾信の登場は、あたかも天が伝統文学を滅ぼそうとしているかのようだ。後に続く文学者にも、初唐の上官儀のような者が続々と現れ、かくて風雅の道はこの世から消滅した。そして、文章の道が失われて五百年後に、陳子昂君が出現した、と位置づけるのである。

五百年とは、『孟子』「公孫丑」下の「五百年にして必ず王者の興る有り」を意識し、陳子昂の「修竹篇」序を承けた数字と思われ、彼の文学史認識も基本的には陳子昂と一致するが、ただ、彼は潘岳・陸機という西晋の文人も漢魏に接続させて、一定の評価を与えている。

一方、張説は、盧蔵用のために書いた「斉黄門侍郎盧思道碑」で、自己の文学史認識を披露する。盧思道《ろしどう》（五三五―五八六）は、北斉に黄門侍郎となり隋に入って散騎侍郎に任じられた。才学に優れ、薛道衡《せつどうこう》と並んで隋を代表する文人である。盧蔵用は、彼の玄孫（孫の孫）にあたり、唐の中宗の景竜年間に吏部侍郎・黄門侍郎となり、張説らと修文館学士を兼任する。のち、尚書右丞に昇るが、睿宗朝に太平公主に加担したかどで嶺南に流され、開元の初めに没する。碑文の中で張説は盧蔵用について、「蔵用は、美を［修］文館に済《な》し、禄を黄門［侍郎］に重くす」と述べているから、この盧思道碑が書かれたのは中宗朝であったろう。盧蔵用が「拾遺陳子昂文集序」を書いた時期とさほど隔たりはない。張説はその碑文で、漢代以降の文学者に対して次のように述べている。

漢興りて賈・馬・王・揚あり、後漢に班・張・崔・蔡あり、魏に曹・王・徐・陳・応・劉あり、晋に潘・陸・張・左・孫・郭あり、宋・斉に顔・謝・江・鮑《ほう》あり、梁・陳に任《じん》・王・何・

劉・沈《しん》・謝・徐・庾《せつ》あり、而して北斉に温・邢《けい》・盧・薛《せつ》あり、みな応世（各時代）の翰林（文学）の秀なる者にして、性情を吟詠し、事業を紀述し、王道を潤飾《じゅんしょく》し、聖門を発揮し、天下の人、これを文伯（文学の覇者）と謂う。

張説が「翰林の秀なる者」（優れた文学者）として時代別に挙げた名は、次の通りである。

前漢＝賈誼・司馬相如・王逸《おういつ》・揚雄
後漢＝班固・張衡・崔駰・蔡邕
魏＝曹植・王粲《おうさん》・徐幹・陳琳《ちんりん》・応瑒《おうよう》・劉楨《りゅうてい》
晋＝潘岳・陸機・張華・左思・孫綽《そんしゃく》・郭璞《かくはく》
宋・斉＝顔延之《がんえんし》・謝霊運・江淹《こうえん》・鮑照
梁・陳＝任昉《じんぼう》・王褒《おうほう》・何遜・劉孝標・沈約《しんやく》・謝荘・徐陵・庾信
北斉＝温子升《おんししょう》・邢邵《けいしょう》・盧思道《ろしどう》・薛道衡《せつどうこう》

現代の文学史では、江淹は梁に、王褒・庾信は北周に、盧思道・薛道衡は隋に区分される。張説は、陳子昂や盧蔵用が切り捨てた六朝後期を無視しないだけでなく、「宮体詩」と呼ばれる艶麗な詩風や、「玉樹後庭花」のような亡国の音が蔓延《まんえん》したために、とりわけ否定的に評価される梁・陳の時代からは、梁から北周に抑留された王褒・庾信を含めた八人もの名を挙げている。陳子昂や盧蔵用らとは異なる文学認識が張説にはあるのである。彼は、みずからが列挙した秀才は、心の思いを吟詠したり、優れた事業を記録したり、帝王の盛世を賛美したり、聖人（孔子）の教えを顕彰したりというように、著述の意図や方法はさまざまながら、各時代の文伯であるという。いかなる時代にもその時代に適応した文学の覇者がいる、これが張説の文学認識であった。

彼はさらに右の文に続けて、

ああ、国に学校があり、家には塾があって［文学の教育が行なわれ］、爵位や俸禄［を保証すること］によって勧奨するから、風雅（文学）はなお継承される。しかし、千数百年の間、多くの人々が心にそれを願っても、文名を並び称せられる者はこれほどまでに少ないのだ。人材は得難いというが、その通りではないか。飛黄《ひこう》（神馬）が飛ぶように駆けると、ほかの馬は道路に置き去りにされ、鵾鵬《こんほう》（大鵬）が天を巡ると、ほかの鳥は追いつきようがない。文士が名誉をその時代にほしいままにし、名声を後世に流すのは、やはりその才力が衆人よりはるかに優れているからだと言える。

と述べている。張説は、希有の才力を所有する少数の者だけが文士としての名声を獲得でき、禄位（俸禄と爵位）をも獲得できると考えている。張説がこの碑を書いたのは、おそらく四十代なかばで、官途に入って二十年を経過した時期である。玄宗に心力を傾け、「王道を潤飾」して、富貴の地位と時代の名声を獲得しようとする彼の意志は、開元の直前に確固としたものになっていたわけである。

陳子昂や盧蔵用、さらに、それを遡る初唐四傑も、六朝末期の文学を否定し、それによって自己の文学の新たさを主張しようとした。これは、六朝の亡国の音を新興国家が受け継いではならず、新しい時代には新しい文学が必要なのだという、この時代の新興階級に共通するいわば理念先行型の主張であった。彼らはその主張をもって栄達の道に入ろうとした。それに対して、すでに朝廷に地歩を占め、宮廷詩人として王道を潤飾する立場にいる張説には、そうした主張を声高に唱える必要がなかった。彼はもって生まれた文学的才能のままに、出世街道を歩めばよかったのである。

7　張説と伝奇小説

六朝の志怪小説は、唐代に入って伝奇小説として発展する。伝奇小説はとりわけ中唐期に入って盛況を見せ、陳玄祐《ちんげんゆう》の『離魂記《りこんき》』、沈既済《しんきさい》の『枕中記《ちんちゅうき》』『任氏伝《じんしでん》』、李公佐《りこうさ》の『南柯太守伝《なんかたいしゅでん》』『謝小《しゃしょう》娥伝《がでん》』、白行簡《はくこうかん》の『李娃伝《りあでん》』、陳鴻《ちんこう》の『長恨歌伝《ちょうごんかでん》』、元稹《げんしん》の『鶯鶯伝《おうおうでん》』など、よく知られた作品が続々と登場してくる。しかし初盛唐期は、王度《おうど》の『古鏡記《こきょうき》』、張文成《ちょうぶんせい》の『遊仙窟《ゆうぜんくつ》』など、寥々たるものであった。

張説の伝奇小説

唐の伝奇小説が高潮期を迎える少し前の時期に、張説はその伝奇小説についても一定の貢献をしている。李剣国『唐五代志怪伝奇叙録』（南開大学出版社、一九九三年十二月）には、張説の伝奇文として、『梁四公記《りょうしこうき》』一巻（一に『四公記』『梁四公子伝』とも）、『鏡竜図記《きょうりゅうずき》』（一に『鑑竜図記』『鏡竜記』とも)、『緑衣使者伝』、『伝書燕』の四種をあげる。
『梁四公記』は、梁の武帝の時代に四人の超能力者が朝廷に集まり、神異博学の力をもって武帝の政治を補佐した話、『鏡竜図記』は、唐の玄宗に揚州から献上された水心鏡の盤背に刻まれた竜が、神異の力を発揮して雨を降らせ、関中の旱害を救って豊年をもたらしたという話であるが、両小説とも散逸して全貌を伺い知ることができない。『緑衣使者伝』と『伝書燕』の二作品は、五代の王仁裕《おうじんゆう》の『開元天宝遺事』にそのあらましが記されている。『緑衣使者伝』(『開元天宝遺事』には『鸚鵡告事』と題して収録される)は、富豪の妻が隣家の若者と浮気をして夫を殺し、目撃者がいなかったために犯人は容易に捕捉できなかったが、殺害現場を目撃していた鸚鵡《おうむ》が犯人の妻と若者の名を語ったので悪事が露見したという話、『伝書燕』は、長く行商に出て音信不通となった夫に対して、妻が手紙を燕に託したところ、燕がそれを届けてくれたという話である。

長安の城中に豪民(富豪)の楊崇義《ようすうぎ》なる者あり、家の富《と》むこと数世、服玩(調度品)の属は王公を僭《こ》ゆ。崇義の妻劉氏に国色(絶世の美貌)有り、隣舎の児の李弇《りえん》と私通して、情は夫より甚だしく、遂に崇義を害せんと欲す。忽《たちま》ち一日、酔帰して室中に寝《い》ぬるに、劉氏　李弇と同《とも》に謀りてこれを害し、枯井《こせい》の中に埋《うず》む。その時　僕妾《ぼくしょう》(下男下女)の輩《はい》も、並びに覚《さと》る所なく、惟だ鸚鵡一隻(一羽)の堂前の架上《かじょう》(止まり木の上)に在る有り。崇義を殺すの後に洎《いた》りて、その妻　却《かえ》って童僕（使用人）をして四散《しさん》（四方に赴く）してその夫を尋ね覓《もと》めしめ、遂《つい》に府（京兆府）を経《へ》て詞《し》（訴え）を陳《の》べ、その夫帰らず、窃《ひそ》かに慮《おもんぱか》るに人の害する所と為《な》らんと言う。府県の官吏は、日夜賊を捕えんとし、疑いに渉《かか》わるの人は童僕の輩にも及び、栲捶《こうすい》（拷問）を経たる者は数百人にして、その弊《へい》（悪事）を究むるなし。後来、県官（役人）等、再び崇義の家に詣《いた》りて検校《けんこう》（取り調べ）するに、その架上の鸚鵡、忽然《こつぜん》として「屈《くつ》（クー）」と声あり。県官 遂に臂上《ひじょう》に取り、因《よ》りてその故を問う。鸚鵡曰わく、「家主を殺せる者は、劉氏・李弁なり」と。官吏等、遂に劉氏を執縛《しつばく》し、及び李弁を捕えて獄に下し、備《つぶ》さに情款《じょうかん》（まことの事情）を招く。府尹《ふいん》（都知事）事案を具《ぐ》して奏聞《そうもん》し、明皇（玄宗）歎訝《たんが》（感嘆しおどろく）することこれを久しくす。その劉氏・李弁は、刑に依り死に処せらる。鸚鵡を封《ほう》（給料を与える）じて「緑衣使者」と為し、後宮に付して養餵《ようい》（養育）せしむ。張説《ちょうえつ》 後に『緑衣使者伝』を為《つく》り、好事者《こうずしゃ》これを伝う。

（『鸚鵡告事』）

長安の豪民郭行先《かくこうせん》に、女子の紹蘭《しょうらん》あり、巨商（大商人）任宗《じんそう》に適《とつ》ぐ。［任宗］賈《こ》（あきない）を湘中《しょうちゅう》（今の湖南省）に為《な》して、数年帰らず。復《ま》た音信も達《いた》らず。紹蘭 目に堂中に双燕の梁間《りょうかん》に戯《たわむ》るること有るを覩《み》る。蘭 長吁《ちょうく》（ためいき）して燕に語りて曰わく、「我聞く、燕子《えんし》は海東より来たると。往復には必ず湘中を経由せん。我が婿《むこ》 家を離れて帰らざること数歳、音耗《おんこう》（たより）なく、生死存亡は、知るべからず。爾《なんじ》に憑《よ》りて書を付して我が婿に投ぜんと欲《ほっ》す」と。言い訖《おわ》りて涙下る。燕子飛び鳴いて上下し、諾《だく》（承知）する所あるに似たり。蘭 復た問いて曰わく、「爾 も
し相允《あいゆる》さば、当《まさ》に我が懐中に泊《いた》るべし」と。燕 遂に膝上《しつじょう》に飛ぶ。蘭 遂に詩一首を吟じ、「我が
婿は重湖《ちょうこ》（洞庭湖）に去る、窓に臨みて泣血《きゅうけつ》（血の涙）もて書し、慇懃《いんぎん》（ねんごろ）に燕の翼に憑《よ》
り、薄情の夫に寄せ与えん」と云う。蘭 遂にその字を小さく書して［燕の］足上に繫《か》け、燕は
遂に飛び鳴きて去る。任宗 時に荊州（今の湖北省江陵県）に在り、忽ち一燕の飛びて頭上に鳴くを
見る。宗 訝《いぶか》りてこれを視るに、燕 遂に肩上に泊る。一小封書の繫《つな》がれて足上に在るを見て、宗
解きてこれを視るに、乃《すなわ》ち妻の寄する所の詩なり。宗 感じて泣下《なみだくだ》り、燕 復《ま》た飛び鳴きて去る。
宗は次年に帰り、首《はじ》めに詩を出だして蘭に示す。後に文士張説《ちょうえつ》その事を伝《でん》（小説）にし、好事者
これを写す。（『伝書燕』）

この二作品は、ともに張説の文体ではないが、張説はおよそこのような筋書きの伝奇文を書いたことになる。ともに長安の市民を題材にして、不思議な能力を持つ鸚鵡と燕とを登場させ、守るべき正義・倫理と夫婦の深い情愛とを浮かび上がらせる。

『緑衣使者伝』については、段成式《だんせいしき》『酉陽雑俎《ゆうようざっそ》』「羽篇」に、「玄宗の時、五色の鸚鵡の能《よ》く言《ものい》うあり、上《じょう》（玄宗）左右をして試みに帝衣を牽《ひ》かしむるに、鳥 輒《すなわ》ち目を瞋《いか》らせて叱咤《しった》（叱りつける）

す。岐府《きふ》（玄宗の弟の岐王李範の幕府）の文学（官名）能延京《のうえんけい》、「鸚鵡篇」を献じてその事を賛《たた》え、張燕公表賀（上奏文を献上して祝賀）するあり、称して時楽鳥《じらくちょう》と為す」という記事がある。張説が奉ったという表は現存しないものの、彼の詩に「時楽鳥篇」があり、その序文には、

帝が霊異の鸚鵡と能延京の作品を朝臣たちにお示しくだされた。『南海異物志』を見ると、時楽鳥が載せられており、この鳥は「太平」と鳴き、天下に道があると現れるという。……、いま南海から献上されたこの鳥は、形は鸚鵡に似ているが毛と尾が異なる。聡明な心情と性質を持ち、主人を護《まも》り恩義に報いて、まったく並みの鳥ではない。これはまことに『瑞経《ずいけい》』（瑞祥を記した経典）にいう時楽鳥で、能延京はこの鳥のことを述べているのに、その名を正しく時楽鳥としていない。国史に記録して、［玄宗の］聖世に現れた瑞祥を顕彰したいと望む。臣もひそかに能延京の作に唱和して詩一首を献じたい。

とある。能延京は、人の言葉を話し帝の側近をもはばからない誇り高い鸚鵡をたたえたのであるが、張説はさらに博識を披露して、この鸚鵡を太平の世をことほいで出現する時楽鳥に格上げし、玄宗の治世を賛美する。帝王の盛世を潤色する宮廷文人としての張説の基本的態度の現れである。『伝書燕』の作品にも、妻の強い慕情が燕の奇跡を生んだという点で、帝王の教化に資するに好ま

しい話題であるとの意識が込められている。
張説は開元の宰相として伝奇的文章を書いていたわけで、詩人・文章家としての彼の関心がこうした通俗的文芸にも及んでいただけでなく、彼は伝奇文の類にも、太平をことほぎ世を教化する機能を見いだしていたことになる。張説は、続く時代の官僚文人たちが伝奇文に寄せる関心を高め、伝奇文学を製作する意識の敷居を低くする役割を果たしたと言えるだろう。

小説の題材としての張説

張説は時代の著名人であった。唐の建国以来の最大の成り上がり者で、文章・学術・軍事などに多彩な才能を発揮する一方で、官僚社会では他者との対立によってしばしば浮沈をくりかえし、さらに、貪欲というダーティイメージがつきまとうという、いわば格好の小説ネタでもあった。彼を主人公とする説話・小話の類はこれまでにしばしば引いたが、ここでは、『太平広記』巻四九四に『松窗録《しょうそうろく》』からの引用として収載されている「夜明簾」の話を読んでみよう。これは、六六ページに紹介した姚崇《ようすう》との確執にまつわる話である。

姚崇が宰相となり、玄宗の休息室で拝謁したとき、左足を重そうにひきずっていた。「そなたは足の病いがあるのか」と玄宗が問うと、姚崇は「臣《わたくし》には腹病（心の憂い）がございます。足の病いではありません」と答え、御前に進んで、数百条にのぼる張説の罪状を申し上げた。玄宗は激怒し、「そなたは中書省に帰り、詔を下して御史中丞とともにその事実を調査せよ」と命じた。張説はまだその事態を知らなかった。配下の役人は、張説は午後三刻（十二時四十五分）に馬で帰宅したと報告した。

姚崇は急ぎ御史中丞の李林甫《りりんぽ》を呼び、さきほどの詔を交付した。李林甫は姚崇に「張説は知恵の回る男ですから、かならず彼を窮地に追い込もうとするなら、劇地《げきち》（繁忙で劣悪な地方）に遠ざけるのがよろしいでしょう」と述べた。姚崇が「丞相が罪を得たのだから、ひどい追いつめ方をしてはなるまい（身の始末は自分でするだろう）」と言うと、李林甫は「公が厳酷にするのに忍びなければ、張説にはなんのダメージもないでしょう」と答え、詔を部下の御史に預け、張説は途中で落馬して傷を負って出勤できませんと報告した。

張説が姚崇の告発を受ける十か月前、家で家庭教師をさせていた書生が、張説が最も寵愛していた侍女と通じ、たまたま事情を把握した者が張説に報告した。彼はひどく怒り、京城の監獄で罪を糾明しようとすると、書生は声を荒げて、「美人を見て自分を押さえられないのは、人情の当然です。公の危急の時に、わたくしはお役に立てます。公はなぜ一人の侍女を惜しまれるのですか」と言った。張説はその言葉を奇異に感じて釈放し、さらに侍女を与えて帰した。

書生が去って数か月、消息とてなかったが、ある日突然張説をじかに訪ねてきた。憂いに満ちた表情で、「わたくしは公のお心に感じて、ご恩返しをしたいと長く思っておりました。いま聞きますと、公は姚崇宰相のために陥れられ、起訴状も完成するそうです。公はご存じないでしょうが、危機が迫っております。公が日ごろ大切にしておられる宝物を持って、九公主の所に行って相談すれば、公はただちに危地を脱することができましょう」と述べた。そこで張説は自分の宝物を次々に指さした。書生はどれにも「まだ公の危難を解くには不足です」と言う。張説はしばらく考え込んでいたが、ふと「近ごろ新羅《しらぎ》の雞林郡《けいりんぐん》から夜明簾《やめいれん》を送ってきた者がいる」と答えた。書生は、「それで事は成るでしょう」と言い、張説の自筆の手紙を求めた。張説は懇ろに心を込めて書いた。

書生はそれを持って急ぎ走り出て、夜になるのを待って始めて九公主の屋敷に赴いた。そして仔細《しさい》に張説の状況を話し、夜明簾を贈り物として差し出し、公主に「帝は皇太子だった時、今後は生涯にわたって恩寵を張丞相に加えようとお思いになったことを、忘れておいでではないでしょう。それなのに今は反って讒言《ざんげん》によって処罰されるのでしょうか」と申し上げた。翌日早朝、公主は帝に拝謁し、つぶさに張説のために申し上げた。玄宗は感動して、急ぎ高力士に命じて御史台に赴いて宣旨を下させ、これまで調査してきたことはすべて中止させた。書生はこののち二度と姿を現すことはなかった。

姚崇がわざと足をひきずって玄宗の注意を引き、自分の痛みは足にはなく心にあると話を転換して玄宗の心情に訴えたのは、巧みな策謀と言ってよい。彼が足をひきずって玄宗にアピールした話は、六七ページに引用した『新唐書』「姚崇伝」にも見える。

張説は姚崇とそりがあわず、姚崇の朝廷への復帰を妨害しようとして果たさず、開元元年に宰相として張説に並んだ姚崇の反撃を恐れて、玄宗の弟の岐王李範《りはん》のもとに赴いてとりなしを依頼した。それを知った姚崇は朝礼終了後にわざと踵《かかと》をひきずって退出しようとし、玄宗が召して尋ねると、姚崇は「わたくしは足を痛めました」と答えた。「痛むか」と玄宗に気遣われた彼は、「わたくしは心に憂いがありまして、痛みは足にありません」と答え、宰相の張説が陛下の愛する弟君のもとに密かに出入りするのは、重大な過ちにつながりかねませんと述べた。そこで玄宗は張説を罷免して相州刺史に出した。張説の失脚を狙う姚崇の謀略が功を奏したわけである。『新唐書』のこの記事がいかなる資料に基づくかは不明であるが、『松窗録』とは、姚崇が足をひきずって玄宗の気を引いた後に続く話の展開が異なっている。『資治通鑑』開元元年十二月の条では、『新唐書』の記載に従っており、「考異」では、姚崇は開元四年に宰相を辞め（開元九年に逝去）、李林甫が御史中丞になるのは開元十四年だから話が合わず、『松窗録』の記事は好事者の作り話だとする。

なお、開元十四年と、御史中丞李林甫という点に関しては、『新唐書』「張説伝」に、開元十四年に御史中丞の宇文融が、御史大夫崔隠甫・御史中丞李林甫と組んで、張説の不祥事を告発し、玄宗の激怒を買い、張説が絶体絶命のピンチに陥った話がある。これはすでに七四ページに掲げた。
さらに、八八ページに引いたように、張説は、夜に掛けると真昼の太陽より明るく輝く雞林郡の「夜明簾」を所持していたと伝えられていた。『松窗録』の作者は、これら数種の話をつなぎあわせて、書生の恩返しによって張説が危機から脱出する話に仕立て上げたわけで、張説はまさに伝奇小説の主人公となるにふさわしい人物だったのである。

『枕中記』にあらわれた張説の影

中唐の徳宗朝に翰林学士に任じられた沈既済《しんきさい》（生没年未詳）に『枕中記』と題する有名な伝奇小説がある。粗筋は次の通り。

開元年間、神仙の術を使う道士（道教の僧侶）の呂翁《りょおう》が邯鄲《かんたん》への旅の途中で盧《ろ》という青年に出会った。盧生は貧乏を嘆き、男たるもの出世の道を歩みたいものだと語ると、呂翁は彼に枕を与えて眠らせた。盧生は夢の中で、名族の女をめとり、進士に及第して官界に入って政治上の功績を重ね、国境地帯に出征して戦功を建て、一方、権力者に妬まれて失脚左遷されては復活するという浮沈を味わい、最後には皇帝の絶大な信任を得て子孫も繁栄し、八十余歳の長寿を全うして人生を終える。そこで盧生は目覚めるが、彼が夢を見ていたのは、茶店の主人が炊いていた黍飯《きびめし》がまだ炊きあがらないほどの間で、彼はこの短時間に五十余年にわたる自己の人生を夢に見て、人生はまことに夢のようだと実感させられたのである。

「盧生の夢」「黄粱《こうりょう》一炊の夢」「邯鄲の夢」「邯鄲の枕」などの成語は、この話から生まれた。『枕中記』は、『文苑英華』巻八三三に収められる。また、『太平広記』巻八二の「呂翁」はこれとよく似た話で、出典を『異聞集』とする。両者にはかなり文字の異同があるが、汪辟疆《おうへききょう》『唐人小説』（上海古籍出版社、一九七八年一月）では『枕中記』について、『文苑英華』所収のものが唐代に通行した古本で、『太平広記』が採録した『異聞集』のものは、その編者の陳翰《ちんかん》によって改訂されたものではないかと推定している。ちなみに、「黄粱一炊の夢」というときの「黄粱」の語は、『文苑英華』本ではなく、『太平広記』所収テキストに現れる。

盧生の出世のありさまは、周紹良《しゅうしょうりょう》『唐伝奇箋証』（人民文学出版社、二〇〇〇年五月）の「枕中記箋証」に、この話は多く張説・蕭嵩《しょうすう》の事実に取材していると指摘するように、これまで見てきた張説の人生を彷彿とさせる。ここでは、『枕中記』にあらわれた張説の影について触れよう。

まず、盧生の浮沈の官歴を見る。進士科と制科に及第した後、秘書省校書郎として官界に入り、長安近郊の渭南《いなん》県の尉となり、監察御史、起居舎人に移って制誥（皇帝の詔）を書き、同州刺史、陝州《せんしゅう》刺史に転じ、汴州《べんしゅう》刺史・河南道採訪使となり、京兆尹に遷る。吐蕃（チベット）が節度使の王君㚟《おうくんちゃく》を殺した後を承けて河西道節度使となって大勲功を建てる。帰朝して吏部侍郎から戸部尚書兼御史大夫となるが、時の宰相の妬みを買って端州（広東省肇慶《ちょうけい》市）刺史に左遷される。復帰して常侍・同中書門下平章事（宰相）となり、中書令蕭嵩・侍中裴光庭と大政をつかさどった。再び同列に憎まれて獄に下され、死罪を減じられて驩州《かんしゅう》（ベトナムのユエ付近）に流される。冤罪を認められて召還され、中書令となり、燕国公の爵位を得る。こののち、帝の絶大な信任を得て、莫大な賜物を受け、八十余歳をもって充実した生涯を閉じる。五人の子も出世して、天下の名族の女を妻とする。

『枕中記』では盧生の生涯を、「両《ふた》び荒徼《こうきょう》（僻遠の地）に竄《ざん》（流刑）せられ、再び台鉉《だいげん》（三公の位）に登る」と総括している。これは、「三たび左右丞相に登り、三たび中書令と作る」「正を守りて逐《お》わるること一たび、坎《かん》に遇いて左遷せらるること二たび」と張九齢が記した張説の浮沈とよく似ているが、張説と盧生の官歴が直接に重なるのは、制科及第、秘書省校書郎、中書令に過ぎない。ただ、盧生は端州・驩州に流されるが、張説は端州を経由して欽州（広西壮族自治区欽州県）に流されたことがあり、嶺南左遷の経験を共有する。なお、驩州に流された唐の詩人としては、張説の知友である沈佺期《しんせんき》が有名である。

吐蕃《とばん》の悉末邏《しつまつら》と燭竜《しょくりゅう》（北方の異民族）の莽布支《もうふし》が瓜州《かしゅう》の砂漠地帯を侵略して、唐の大将軍王君㚟を殺したのは開元十五年秋であるが、盧生は、将帥の才を認められ、河西道節度使となって遠征し、敵の首七千を斬り、九百里もの支配地を拡大し、三つの大城を築くという大手柄を立てる。前掲の『唐伝奇箋証』で周紹良は、このモデルを蕭嵩であるとする。この見解は正しいが、王君㚟の敗亡を見通したのは張説であり、彼もまたしばしば国境地帯に遠征して異民族の反乱を平定した軍功を建てている。

盧生は宰相となって中書令蕭嵩・侍中裴光庭と国政を司る。これは開元十七年のことで、このとき宇文融も宰相となっている。ほどなく盧生は同僚の妬みを買い、「辺境の将軍と手を結んで謀反を計画している」との嫌疑で投獄されようとし、京兆府の役人が逮捕にやってくる。盧生は取り乱して自殺しようとするが妻に止められ、中官（宦官）のとりなしにより、死罪を減じられて驩州に流される。

張説は開元十四年に御史中丞宇文融らの告発を受けている。その理由の一つが、「張説が信任する張観《ちょうかん》・范尭臣《はんぎょうしん》らは、張説の威勢をたよりに、利権を売り賄賂を取り、太原の九つの回紇《かいこつ》（ウイグル）の部族に許可なく千万の羊・銭を支給した」ということであった。これは、盧生が受けた「辺将と結託して謀反を計画している」という嫌疑と重なるだろう。盧生を妬んだという同僚は、どうやら張説と反目していた宇文融らしいということがわかる。玄宗は金吾衛（近衛軍）の将兵を派遣して張説の屋敷を取り囲ませ、宦官の高力士にようすを見にゆかせた。高力士は張説が「草のむしろに座り、土器で食事を取りざんばら髪に垢にまみれた顔で、ひたすら罪を恐れています」と報告すると玄宗は気の毒がった。高力士が「張説はかつて陛下の侍読（家庭教師）でありましたし、また、国政に大きな貢献をしています」ととりなすと、玄宗は中書令の兼任を解き、翌年退官させるだけで収めた。盧生のピンチは、張説の物語が下敷きになっているのである。

驩州から召還された盧生は、中書令となり、燕国公に封じられる。玄宗のころに燕国公に封じられたのは張説と蕭嵩の二人である。なお、『太平広記』「呂翁」では、趙国公に封じられたことになっている。

盧生は年老を理由に引退を申し出るが皇帝は許さず、病気になると勅使がしばしばつかわされ、驃騎大将軍高力士も見舞いに訪れた。名医が派遣され最上の薬も支給された。張説も開元十八年に病気になると、玄宗は毎日勅使をつかわして病気を見舞わせ、みずから薬の処方箋まで書いて届けさせている。

このように見てくると、『枕中記』は張説をモデルとした作品であるとまでは言えないにしても、張説の影が色濃くにじんでいると見てよい。玄宗に心を寄せて出世街道を駆けのぼった張説は、十分に時代の話題になり得る人物であった。次章で触れることになるが、彼の没後は息子たちの不祥事もあって、さしもの新興の家も急速に没落する。それも、人生の栄華など所詮は夢に等しいとする『枕中記』の主題とぴったり重なるのである。

第三章

張説の子孫たち

三人の子の生涯

張説には、均、垍《き》、埱《しゅく》の三人の男子がおり、張九齢が書いた「張公墓誌銘序」によると、張説が没した開元十八年には、均は中書舎人（正五品上）、垍は駙馬都尉《ふばとい》・衛尉卿《えいいけい》（従三品）、埱は門下省の符宝郎《ふほうろう》（従六品上）だった。

張均は、父の文学的才能を受け継いでいた。開元三・四年には、岳州刺史に左遷された父にともなわれて岳陽に至り、父を中心とする岳州小詩壇の構成メンバーとなった。初任の時期と官職は不明であるが、盧象《ろしょう》に「張均員外に贈る」詩があり、これによると、彼は吏部員外郎（従六品上）だったことがある。太子通事舎人（正六品上）から吏部の司封《しほう》（主爵）郎中（従五品上）に遷る。開元十七年、張説が左丞相を授けられ、官僚の勤務評定を行なったとき、均に対して「上の下」という評価をした。しかし当時の人々は、張説がわが子をひいきしたとは見なかったという。張均の才能は世に知られていたのである。開元十八年には中書舎人であった。

父の没後、燕国公の爵位を継ぎ、開元二十二年、兵部侍郎（正四品下）にのぼる。のち、事に連座して饒州《じょうしゅう》・蘇州の二刺史に左遷され、また、天宝二年、兵部侍郎に復帰する。彼は自分は宰相の器であると自負していたが、時の宰相李林甫《りりんぽ》に抑圧され、李林甫が没すると楊貴妃の従祖兄にあたる楊国忠《ようこくちゅう》が後任の宰相となって実権を握り、張均の宰相願望はかなえられなかった。天宝九載、均は刑部尚書（正三品）となった。天宝十三載三月、垍に連座して建安太守（建州刺史、福建省建甌《けんおう》県）に左遷される。年内には大理卿《だいりけい》（従三品）として召還されるものの、彼の不満と恨みは消えることがなかった。天宝十五載、安禄山の乱のおり、均は賊の中書令となったために責任を問われ、死罪に処せられるところだったが、かつて張説に引き立てられた房琯《ぼうかん》が「張氏は滅んでしまう」と驚き、宰相の苗晋卿《びょうしんけい》にとりなしを依頼した。粛宗皇帝もまた張説の旧恩を思い、至徳二載（七五七）十二月、死罪を減じて合浦郡（広西壮族自治区合浦県）に流した。彼はそこで死んだ。均の子は、岯《ひ》・密・濛《もう》・嵍《ぶ》・岩。濛は徳宗朝に仕えて中書舎人から礼部侍郎となり、嵍は、洛陽の丞となる。他の者の事蹟は不明である。

張垍は、玄宗の元献《げんけん》皇后楊氏が産んだ寧親公主《ねいしんこうしゅ》を娶り、駙馬都尉に任じられた。そのとき父の張説は朝廷の中枢におり、兄の均は中書舎人、伯父の張光は銀青光禄大夫（従三品）で、一門はまさに繁栄の絶頂にいた。開元十八年には衛尉卿（従三品）となっている。玄宗は垍を厚遇して禁中に内宅を設け、左右に置いて文章の任にあたらせ、賜物は莫大だった。開元二十六年、翰林学士に任じられる。あるとき垍が玄宗からの賜物を、同じく翰林学士だった兄の均に見せびらかすと、均は「それは奥方の父（つまり玄宗）が婿《むこ》に賜ったもので、天子が翰林学士に賜ったものではない」とたわむれたという。

かつて玄宗が垍の内宅に行幸したおり、垍に「陳希烈《ちんきれつ》が宰相を辞めたら、誰が代われるか」と尋ねた。垍があたふたして答えられないでいると、玄宗は「それはわが婿に代わる者はおるまい」と答えた。垍は頓首して感謝したが、たまたま楊貴妃がそれを聞いていて、楊国忠に話した。楊国忠はそれを憎み、陳希烈が宰相を辞めるとただちに韋見素《いけんそ》を推薦して代わらせた。垍は玄宗を怨んだ。天宝十三載三月、安禄山が入朝し、北方の奚《けい》・契丹《きったん》を討伐した功績により、同平章事（宰相の肩書き）を求めた。玄宗はそれを許す詔を垍に起草させてあったが、楊国忠は、「安禄山に軍功はあっても字も読めない男ですから、宰相の肩書きを与えれば、四方の蕃族はわが国をあなどるでしょう」と反対し、沙汰止みになった。安禄山が范陽《はんよう》に帰る時に、玄宗は高力士に途中まで見送らせて安禄山の反応を聞くと、高力士は「安禄山は内心鬱々としておりました。禄山は、帝が命じて宰相にしようと思いながら中止されたのを知っているかのようでした」と答えた。玄宗がこの話を楊国忠にすると、楊国忠は「安禄山にそれを知らせたのはきっと垍でしょう」と言ったので、それを真に受けた玄宗は激怒し、張兄弟を外職に左遷した。均は建安太守、垍は盧渓郡《ろけいぐん》（辰州、湖南省沅陵《げんりょう》県）司馬、張埱は給事中から宜春郡《ぎしゅんぐん》（袁州、江西省宜春市）司馬として、それぞれ南方に流された。垍も兄と同じく、その年の内に太常卿（正三品）として召還される。安禄山の乱のおり、垍は玄宗に従わず、陳希烈とともに賊の宰相となった。粛宗の至徳二載（七五七）十月、陳希烈・張垍ら賊の官を受けた三百人が素服（白衣）を着て罪を待ち、十二月、陳希烈・張垍・郭納《かくのう》・独孤朗《どくころう》ら七人は大理寺の獄で自尽を賜った。垍には、渙と岱の二人の子がいたというが、事蹟は明らかでない。

張埱の生涯は不明であるが、天宝年間には給事中（正五品上）であった。その子の皞《こう》が瀛州《えいしゅう》刺史となったことは、『新唐書』「宰相世系二下」に見える。

なお、劉禹錫《りゅううしゃく》に「華陰の尉張 苕《ちょうちょう》の邕府《ようふ》の使幕に赴くを送る」という詩があり、題下注に「張は即ち燕公の孫にして、頃《この》ごろ事に坐して除名せらる」とある。苕が誰の子か、わからない。

安禄山の乱と張兄弟

張均・垍の兄弟は張説の威光と玄宗の寵愛によって、権貴の道を歩めるはずであった。しかし、宰相への道は李林甫・楊国忠などの姦臣にはばまれ、二人は玄宗に対して怨みを抱くようになる。安禄山の反乱軍が長安に迫った天宝十五載（七五六）六月、玄宗は四川の成都へ都落ちする。大臣の陳希烈や張倚《ちょうい》は、玄宗に疎んじられたのを根に持って随行せず、従う大臣は宰相の韋見素・楊国忠、御史大夫の魏方進など、わずかだった。行列は渭水を渡った咸陽（陝西省咸陽市）で、追いかけてくる朝臣を待つことにした。玄宗は高力士に「そなたは、朝臣では誰が来ると思うか」と尋ねた。「張垍の兄弟は代々国恩を受け、陛下の親戚でもありますから、かならず来るでしょう。房琯《ぼうかん》は宰相の望みを抱いていましたが陛下は長く登用されませんでした。また、安禄山は房琯の器量を買っていますから、房琯は来ないでしょう」と申し上げると、玄宗は「まだわからぬ」と答えた。

この日、房琯が駆けつけると玄宗は大喜びし、均と垍はどうしたのかと尋ねた。房琯は、「臣《わたくし》が京を離れるとき、彼らの家に立ち寄り、一緒に来ようとしたのですが、張均は『馬がよく走らないから、あとで追いかけます』と言いました。臣の見る所、おそらく陛下にしたがわないでしょう」と申し上げた。玄宗は「わたしがどうして人を欺こうぞ。均らはみずから才能器量は並ぶ者がないと思い、大いに用いられないのを怨んでいるのだ。わたしは始めから終わりまで面倒を見てやりたいと思っていたのに、今にしてそなたの予測がはずれるとは」と高力士に嘆いたのだった。

張均・張垍の兄弟は、父の没後に宰相張九齢を失脚させ、みずから宰相として十九年の長期にわたって権力を握った李林甫、さらに楊貴妃の一族である楊国忠によって、宰相への夢を阻まれた。これらの敵対勢力と抗争するには、父の張説のような才気が必要であったのだが、父の懐で愛情過多気味に育てられてきた彼らには、「口に蜜あり、腹に剣あり」といわれた李林甫や、玄宗が寵愛する楊貴妃に連なる楊国忠という、名だたる姦臣と張り合うことは不可能だった。彼らは玄宗を恨むしかなかった。玄宗こそが父の富貴の源であり、延《ひ》いては自分たちの後ろ楯であることを忘れてしまったのである。

張兄弟と李白・杜甫

李白と杜甫には、張兄弟に贈った詩がある。自分を引き立ててほしいという要請が込められたものである。燕国公の爵位を継いだ張均、皇帝の娘婿となった張垍の兄弟は、その父が科挙の恩恵によって大出世をとげ、新興階級のリーダーたる地位を築いたこともあって、中央政界に足がかりを持たない寒門の士人が心を寄せる新権力者であった。李白も杜甫も、張兄弟の知遇を得て文人官僚として世に出ようとしたのである。

李白には「玉真公主の別館の苦雨に衛尉張卿に贈る」二首と、「秋山にて衛尉張卿及び王徴君《おうちょうくん》に寄す」詩がある。安旗主編『李白全集編年注釈』(巴蜀書社、一九九〇年)では、三首ともに開元十八年(七三〇)、李白三十歳の作とする。「衛尉張卿」は、郁賢皓『李白叢考』(陝西人民出版社、一九八二年)の「李白与張垍交游新証」では、張垍であると断する。玉真公主は玄宗の妹にあたる女道士で、終南山に別館を持っていた。張垍は玄宗の娘の寧親公主の夫であり、玉真公主は彼にとっては義理のおばにあたる。李白は玉真公主を別館に尋ねて謁見を求めたが会えず、張垍に詩を贈り、山中の苦雨(長雨)の情景に託して、自己の不遇の思いを訴えている。前詩其一の「剣を弾じて公子に謝す、魚《うお》無きは良《まこと》に哀れむべし」は、戦国の孟嘗君の門客の馮驩《ふうかん》が剣の柄をはじき、「食事に魚がつかないから帰ろうか」とうたった故事に託して、みずからの推薦を願うものである。「公子」は、張垍を指している。

なお、李白の「夜 張五に別る」詩は、「吾は多《た》とす張公子、別酌 高堂に酣《たけなわ》なり」でうたい起こされる。この「張五・張公子」は、岑仲勉『唐人行第録』（中華書局、一九六二年）では、張垍の排行が四であるから、張五は弟の張埱だと推定している。彼は開元十八年には符宝郎だった。

杜甫の「翰林の張四学士垍に贈る」詩は、天宝九載、三十九歳の作とされる。中に「天上の張公子、宮中の漢客星」という句がある。皇帝の娘婿として宮中に内宅を賜る張垍は、まさに漢（唐）王宮の客星なのである。また、「太常の張卿に贈り奉る二十韻」は、天宝十三載の作で、盧渓郡司馬から太常卿として復帰した張垍に贈ったものである。ただ、「太常の張卿」は張垍ではなく兄の張均を指すという説もあり、これが正しければ、張均は時期がいつかは不明ながら、太常卿に任じられた官歴を持つことになる。

第四章

巨星の消滅

張説像の消滅

細々と命脈を保ってきた寒門に生まれた張説は、その豊かで多様な資質によって抗争の渦巻く時代を巧みに乗り切り、唐代最大の出世をとげた。彼が一代で築き上げた地位と名誉と人脈は子孫に受け継がれ、新興貴族としての繁栄が約束されるはずであった。中唐の李翺《りこう》の『卓異記』では、張説が中書舎人から工部侍郎に登り、子の張均と孫の張濛がともに中書舎人から礼部侍郎に拝したことについて、「按ずるに、張公の三代は中書舎人より侍郎に拝し、奕世《えきせい》（代々）比する無し。時に号して佳美と為す者のみ」と、三代にわたって中書舎人に任じられたことを讃えている。中書舎人は制勅（みことのり）の起草を掌る名誉ある職で、文章の才能が評価される。張説の文才は細々ながら子孫に受け継がれたことになる。

しかし、張説の没後、張一門は急速に没落し、張説のイメージも希薄になって行く。その原因の一つとして、張均・張垍という不肖の子の存在があげられよう。父の張説が玄宗に寄り添って築き上げてきた開元の宗臣としての地位は、父の没後も玄宗によって継承されるはずであったのに、彼らは一門の富貴が玄宗によって保証されてきたという認識を欠いていた。そして、李林甫・楊国忠などの姦臣の妨害をはねのけることができず、宰相になれなかったことに関して玄宗を恨むに至る。あげくの果ては、安禄山の大乱のなかで玄宗と行動をともにせず、賊軍の中書令となって宰相になる望みを果たして身を滅ぼす。彼らは時代の趨向を読み切れなかったのである。

開元の宗臣

張説は後代からどのように見られていたのか。まず、開元時代の元勳としての位置づけである。張説は多く開元の盛世を懐かしむ文脈で登場する。中唐の詩人顧況《こきょう》（七二五？－八一四？）は貞元初年（七八五）ごろ長安で「八月五日の歌」を作り、次のようにうたった。

八月五日佳気新　八月五日　佳気（めでたい気）新たなり
昭成太后生聖人　昭成太后（睿宗の徳妃の竇氏、玄宗の生母）聖人（玄宗）を生む
開元九年燕公説　開元九年　燕公説《えつ》（燕国公の張説）
奉詔聴置千秋節　詔を奉じて千秋節を置くを聴《ゆる》さる
丹青廟裏貯姚宋　丹青《たんせい》廟《びょう》裏（功臣の図像を納める凌煙閣）姚宋（姚崇・宋璟）を貯え
花萼楼中宴岐薛　花萼《かがく》楼《ろう》中　岐薛《きせつ》（玄宗の弟の岐王と薛王）に宴す

張説が源乾曜らと千秋節の制定を上表したのは開元十七年で、「歌」に言う開元九年ではなく、また、千秋節は天宝二年（七四三）に天長節と改名されるが、顧況は玄宗の盛世を回顧する中で張

説を取り上げ、彼にちなんで「千秋節」としているのである。

同じく中唐の詩人劉禹錫(七七二―八四二)は元和十四年(八一九)二月、山東省一帯を震撼させた李師道の反乱が平定された時に「平斉行」二首を作り、其二で開元皇帝(玄宗)の泰山における封禅に触れて、「侍臣燕公　文筆を秉《と》り、玉検《ぎょくけん》(天に告げる文書を納める箱、ここはその文章)天に告して愧詞《きし》(天に恥じる言葉)無し」と述べた。玄宗に封禅を強く勧め、儀式をとりしきる中心となったのは張説であった。また、劉禹錫は先に引いた華陰の尉の張苕(張説の孫にあたる)を送る詩でも、張説について、「嘗て燕公の伝を披《ひら》くに、聳《しょう》(そそり立つさま)として三辰(日月星)を窺《うかが》うが若《ごと》し、聖(聖主)を翊《たす》け国本(国の基礎)を崇《たか》くし、賢(賢臣)を保(保護)ち朝倫(朝廷の秩序)を正す」のようにうたっている。玄宗を補佐して開元の治を導いたこと、張易之兄弟に陥れられようとした魏元忠を身を呈して救ったことに対する賞賛である。

さらに、李濬《りしゅん》の『松窗雑録《しょうそうざつろく》』には、大和九年(八三五)、楽しめぬことばかり起こって気がふさいでいた文宗皇帝は、巨軸の「開元東封図」を目にし、白玉の如意棒《にょいぼう》でその巻軸に書かれている張説ら数人を指しながら画人の程修己《ていしゅうき》に向かって、「この中の一人でも生きていたなら、わたしは開元の政治を見られたものを」とため息をついたとある。安禄山の大乱ののち、唐はかつての輝きを回復できなかった。後世からすれば開元は理想の時代なのであったが、その時代から遠ざかるにつれて、開元時代を支えた一人である張説も忘れられていく流れにあるのである。

文人として

張説の文学についてはどうだろうか。彼は宮廷詩人として唐代随一であった。宮廷詩の残存数から見た宮廷文壇の活動は、玄宗の治世の後りの三分の一にあたる天宝年間はすでに開元ほどに充実せず、やや降った徳宗（七八〇―八〇四在位）の時代に多少活発化するように見えるが、開元の時期に比べればささやかな活動に過ぎない。宮廷詩は開元を最高潮として徐々に退潮し、活力を失って行くのである。張説は国力の上昇充実の時代に玄宗の盛徳をたたえ、みずからも宮廷文壇の中心的位置を占めた。後世、宮廷文壇の活動自体が弱体化することからすれば、宮廷詩人としての張説のイメージも薄れるのである。

張説の非宮廷詩、つまり、行旅の人としての抒情詩はどうか。欽州左遷時代の作品はさほど話題にならず、幽州時代の作品も陳子昂の幽州詩に比べて影が薄い。張説の文学に関連してもっとも取り上げられるのは、岳州時代である。方祖雄ら四名の選注に成る『岳陽楼詩詞選』（湖北人民出版社、一九八〇年）には、岳陽楼・洞庭湖一帯を詠じた歴代作品を収めるが、北宋の鄭民瞻《ていみんせん》の「重修岳陽楼にて懐《おも》いを写す」詩では「遠く追う張相《ちょうしょう》・滕侯《とうこう》の迹、幸いに前規を躡《ふ》みて勝遊を壮《さかん》にせん」とある。張相は張説。滕侯は北宋の滕宗諒《とうそうりょう》（字《あざな》は子京）で、岳州太守に左遷され、岳陽楼を修築し、州に善政を施した。范仲淹《はんちゅうえん》の有名な「岳陽楼記」は、それを賛える文章である。鄭民瞻は改築された岳陽楼に登って張説と滕子京の事跡をしのび、前規（前代の手本）を踏みしめつつ勝遊（名勝の旅）をさらに盛大にしようというのである。南宋初の王十朋《おうじゅうほう》の「岳陽楼」詩では「江山　何ぞ独り張説を助くるのみならんや、清暉（風景の輝き）を収拾して筆端に上《のぼ》せん」とうたい、清の潘耒《はんらい》は「岳州」詩で「江山は清らかにして詩人の筆を助け、風波は危うくして過客の舟を停《とど》む」とうたう。岳州時代の張説の詩が悽惋（ものさびしく怨めしい）の風格を加えたのは、「江山の助け」のおかげだという伝承による。

北宋滅亡の混乱の中で、湖南の地に兵難を避けた詩人陳与義《ちんよぎ》は、「暁に燕公楼に登る」詩を作り、「欄干《らんかん》に清暁（朝の光）を納《い》れ、杖に拄《よ》りて黄鵠《こうこく》を追う、燕公は相待たず、我をして独《どく》に立たしむ」とうたった。「黄鵠を追う」は、黄色の鶴が大空にはばたくように、自分もこの世にはばたこうという意味。しかし、張燕公は待ってくれず、自分を孤独の地に立たせているという。燕公楼は、岳陽楼の北に建てられていた。陳与義は張説の時代に生まれなかった身を嘆くのである。

文人張説は、このように岳陽楼と結びついて人々の記憶に残るのであるが、張説ののち、杜甫が絶唱「岳陽楼に登る」詩を作り、さらに范仲淹が名文「岳陽楼記」をものしたために、張説に対する後人の意識も希薄になって行く。清の詩人潘耒は「岳陽楼の故址《こし》に登る、時に楼は火に毀《やぶ》る」詩を作り、その冒頭で、「范公の楼記　杜公の詩、少小（少年期）より名区（名勝の所）は夢思に入る」とうたった。張説は完全に杜甫・范仲淹の後塵を拝している。これはもとより後世の文学史の評価によるのであり、詩人としての張説像は文学史の認識ではかならずしも大きくはない。

開元の名宰相として、また、唐代最大の成り上がり者としての張説像の消滅は、驚くほど鮮やかだった。後代の正史にほとんど名前が現れないのは、彼が魏徴・姚崇・宋璟・張九齢などのような硬骨の実務官僚でなかったことにもよるだろう。また、唐代は、詩人・文人がとりわけ後世から高く評価される時代であるが、張説は文学だけで評価される存在ではない。学問にすぐれ将帥としての才にも恵まれ、各方面に能力を発揮した彼は、いわばマルチ人間としてのインパクトのなさに加え、子どもたちが玄宗にそむいたこともあって、にわかに光を失った巨星なのであった。

そもそも科挙の制度は、世襲貴族が皇帝権力を犯すことを阻止するために、才能のある下層の知識人を皇帝直属の一代限りの官僚として登用する狙いで発案されたのであるが、張説は結果としてその科挙の精神を具現してしまったことになる。

張説の位置

張説は、おそらく李白・杜甫を越える壮大な旅路を経験している。南北をさすらった人なればこそ、異質の風土・文化への関心と表現は意味を持つ。彼の欽州・岳州・幽州での詩作は、宋之問や沈佺期の嶺南詩と同じように、異境発信の情報でもあった。とりわけ張説の岳州時代の作品には、異境の景物、流謫の境遇、出会いと別れ、士人相互の友情と連帯、玄宗や都への思慕、兼済と独善の意識など、さまざまな内容が豊かに形象されている。これらは唐詩の普遍的テーマであるが、彼はそれを初唐から盛唐へともたらしたのであった。

しばしば左遷・流謫を強いられた挫折文人が時代の文学の旗手として復活するのは、張説以前にはなかった。張説の数回にわたる復活は、文学が個人的事情にも立脚しうるものだという証明であった。しかも、その個人的な事情から生まれる抒情さえもが、富貴のための道具ともなり得ることを彼は示した。それが可能だったのは、彼が唐代最大の宮廷詩人で、宮廷詩と非宮廷詩の両面に翼を広げ得る詩人だったからである。こののち、たとえ官僚社会における栄達はかなわずとも、左遷・流謫をも含む個人的な抒情が、人生の栄達に匹敵する価値あるものとして認識されるようになる、その道筋を張説は開いたのである。

張説は、第二章「3幻の『岳陽集』とそのインパクト」（一五七ページ）に取り上げた王泠然が看破したように、「文章」によって栄達をとげた。張説にとって、文学は富貴につながる功利性を有するものであったし、王泠然もそれを見抜いていたのである。しかし、自己の文章を誇る王泠然ではあっても、開元十年に張説に宛てた上書に述べられているように、このころ彼は栄達の道とは無縁の場所にいた。文章がかならずしも富貴をもたらすことのない時代にさしかかっていたのである。張説が抒情詩の芽を大きく育てて初盛唐の橋渡しをしたことは事実であるが、それと同時に、張説が身をもって示した文学と富貴の枠組みが、もはや機能しなくなりつつあった時代状況から盛唐文学が出発してゆくという点も、見逃してはならないことなのである。

張説関連略年譜

年号（西暦）	年齢	事項
[高宗]		
乾封二（六六七）	一歳	張説、生まれる。
[武則天]		
天授元（六九〇）	二四歳	二月、詞標文苑科の制挙に及第、太子校書郎を授けられる。
天冊万歳元（六九五）	二九歳	この年までに二度にわたり蜀（四川省）に使いする。
万歳通天元（六九六）	三〇歳	建安王武攸宜の管記として契丹を討つ。陳子昂と同僚。
神功元（六九七）	三一歳	王孝傑敗績し、張説 帰京して事情を武則天に上奏する。
久視元（七〇〇）	三四歳	『三教珠英』の編纂に参与（七〇一年に完成）。 七月、右補闕として、武則天の三陽宮避暑を諫める。
長安二（七〇二）	三六歳	春、貢挙（科挙試験）をつかさどる。五月、并州道（山西省太原方面）行軍大総管魏元忠の判官として突厥を討つために遠征。秋、帰還して鳳閣舎人（正五品上）となる。
長安三（七〇三）	三七歳	九月、張易之・張昌宗兄弟が魏元忠を陥れようとした事件に関し、武則天の旨に逆らって欽州（広西壮族自治区）に配流さる。
[中宗]		
神竜元（七〇五）	三九歳	召還されて兵部員外郎（従六品上）となる。魏元忠は四月に衛尉卿・同中書門下平章事に復帰。張説の召還も同時期か。
神竜二（七〇六）	四〇歳	兵部郎中（従五品上）に遷る。

景竜元（七〇七）	四一歳	工部侍郎（正四品下）となる。十一月、母の服喪のため辞任。
景竜三（七〇九）	四三歳	十一月、工部侍郎に起復。ただちに兵部侍郎（正四品下）に遷り、修文館学士を兼ねる。
[睿宗]		
景雲元（七一〇）	四四歳	七月、中書侍郎（正四品上）兼雍州長史に遷る。太子（のちの玄宗）の侍読となる。
景雲二（七一一）	四五歳	正月、中書門下同平章事・監修国史となる。四月、兵部侍郎同平章事。十月、罷免され、尚書左丞（正四品上）分司東都として洛陽勤務を命じられる。
[玄宗]		
先天元（七一二）	四六歳	東都洛陽で韋嗣立・崔日知・崔泰之らと賦詩唱和する。
開元元（七一三）	四七歳	七月、玄宗、太平公主・蕭至忠を誅す。張説、検校中書令となる。八月、燕国公・食実封三百戸に封ぜらる。九月、守中書令（正三品）となる。十二月、紫微令と改称。二十四日、相州(河南省)刺史・河北道按察使に左遷される。
開元三（七一五）	四九歳	四月、岳州（湖南省）刺史に再左遷される。食実封三百戸を停止。岳州で盛んに詩作する。
開元五（七一七）	五一歳	正月、玄宗、洛陽に赴き（第一次東都巡幸）、二月、長安に帰る。二月、張説、荊州大都督府長史（正三品）に遷る。四月一日に岳州を出発して荊州（湖北省）に向かう。
開元六（七一八）	五二歳	春、荊州の任を離れ長安に至り、右羽林将軍・幽州都督・河北節度使・摂御史大夫に任じられて幽州（河北省）に赴く。
開元八（七二〇）	五四歳	春、右羽林将軍・検校幷州大都督府長史・持節天兵軍節度大使・御史大夫に任じられ、幷州（山西省）に赴く。秋、同羅・抜曳固などの部落を巡回して慰撫する。
開元九（七二一）	五五歳	夏、合河関（山西省）を出て康待賓および党項を討つ。九月、守兵部尚書・同中書門下三品として朝廷に復帰する。

開元十（七二二）	五六歳	正月、玄宗、洛陽に赴く（第二次東都巡幸）。四月、張説、朔方軍節度使を兼任し、五月、辺境を巡り、康泰賓の残党を平定する。秋に洛陽に凱旋して食実封三百戸を回復される。九月、麗正殿修書使となる。
開元十一（七二三）	五七歳	正月、玄宗、洛陽を発って幷州・晋州（山西省）に巡狩に出る。張説も扈従し、三月に長安に帰着する。四月、張説、中書令に正除される。十一月、玄宗が圜丘に天を祭るにあたり、張説は礼儀使となる。
開元十二（七二四）	五八歳	十一月、玄宗、洛陽に赴く（第三次東都巡幸）。
開元十三（七二五）	五九歳	四月、麗正殿書院を集賢殿書院と改称。張説は学士に任じられ、院事を治める。十一月、玄宗、泰山に封禅する。張説、尚書右丞相（右僕射）・兼中書令となる。
開元十五（七二七）	六一歳	二月、張説に退官を命ず。六月、在宅のまま修史を命ず。十月、玄宗、長安に帰る。
開元十六（七二八）	六二歳	二月、集賢殿学士を兼ぬ。
開元十七（七二九）	六三歳	三月、また尚書右丞相となる。集賢院院長はもとのまま。八月、尚書左丞相（尚書左僕射）に遷る。
開元十八（七三〇）	六四歳	正月、開府儀同三司（従一品の文散官）を加えられる。十二月、病逝する。このとき子の張均は中書舎人（正五品上）、張垍は駙馬都尉・衛尉卿（従三品）、張埱は符宝郎（従六品上）だった。
開元二十（七三二）		張説、「文貞」と諡（おくりな）される。
開元二十二（七三四）		張均、燕国公の爵位を継ぎ、兵部侍郎（正四品上）となる。
開元二十六（七三八）		張垍、翰林学士となる。
天宝二（七四三）		張均、饒州・蘇州の刺史から兵部侍郎に復帰する。
天宝九（七五〇）		張均、刑部尚書（正三品）となる。

天宝十三（七五四）		三月、張均、張垍に連座して建州刺史に左遷。張垍は辰州司馬、張埱は袁州司馬に左遷される。
天宝十四（七五五）		年内に、張均は大理卿（従三品）、張垍は太常卿（正三品）として召還される。 十一月、安禄山、范陽で反乱を起こす。
天宝十五（七五六）		六月、潼関が陥落し、玄宗は蜀へ避難する。七月、粛宗が即位して至徳元年と改元する。
［粛宗］ 至徳二（七五七）		九月、粛宗、長安を回復する。十二月、玄宗、蜀より長安に返る。張均は合浦郡に流されて死し、張垍は自尽を命じられる。

あとがき

唐代文学の研究に志を立ててから相当の時間が経過する中で、私の関心はしだいに初唐文学に集中してきた。初唐期は、科挙の制度によって数多くの新興知識人士が登用されたものの、彼らの前には、唐王朝の創建に関わった北朝系の門閥勢力が厳然として立ちはだかり、加えて高宗の治世から玄宗が自前の権力を確立するまでの六十余年間は権力内部の抗争が続いた。こうした混迷の時代を、門地もない新興の文人官僚はどのように生きたのか。彼らの文学上の成果のみならず、そうした方面にも興味を覚えたのである。

初め、初唐文学に関する研究は唐の他の時代に比べて寥々《りょうりょう》としており、文学史における記述もきわめて簡略で、参考にする文献の少ない中で初唐文人の文集を片端から読むしかなかった。単発的に論文を発表し続けて、初唐の主だった文人についてほぼ見解を述べ終ったあと、張説という人物の面白さに気づいた。本書でも縷々《るる》述べてきたことであるが、いつ一族が跡絶えても不思議でない貧乏士族から身を起こし、玄宗皇帝に深く心を寄せ、しばしば危機に陥りながら、多方面にわたる豊かな能力によって唐代最大の成り上がり者となった張説については、これも理解しがたきことながら、陳祖言『張説年譜』を除けば、これまで一冊の専著もなかった。それなりの時間を費やして張説の詩文集を読み終えてみると、そこには予期しなかった豊かな文学空間があった。

張説に関しては膨大な記録が残っており、彼の人間像を説明するのは容易ではなかった。近年、唐代人に関する種々の人名索引が刊行され、その恩恵に感謝しつつ張説に関する資料を拾い集め、それに自分なりの解釈を加えて構成してみたのが本書である。官人張説と文人張説とに大きく分けたのは、文人官僚のリーダーとしての位置を占めた張説を、官僚と文人の両側面に分けて説明しようと試みたためである。

本書のもとになったのは序章に掲げた六篇の拙論であるが、論証の不備についてはそれを修正してある。また、本書の性格と紙幅の都合により、分かりやすい記述になるよう心がけたほか、拙論に引用した資料を一部削り、注記なども最小限にとどめてある。本書が張説の人物像や文学的業績に関してどれほど正確な把握をしているかは心もとないが、本書が唐代文学の研究にいささかなりとも貢献できれば幸いである。

かならずしも知名度の高くない張説に関する本書を、「あじあブックス」の一冊に加えていただくことについて、大修館書店編集部の池澤正晃氏の多大なご尽力を賜った。懇ろなご助言により本書が生まれたことに、重ねて感謝申し上げる次第である。

二〇〇三年一〇月

高　木　重　俊

[著者略歴]
高木 重俊（たかぎ しげとし）
1944年長野県の生まれ。東京教育大学文学部漢文学専攻卒業、同大学院文学研究科中国古典学専攻修士課程修了。都立府中高校教諭、函館大学商学部助教授を経て、現在、北海道教育大学教授。専門は中国中世文学。著書に『漢詩漢文解釈講座14 文章II（唐代以降）』（昌平社）、『名勝唐詩選』上・下（NHKブックス）、『漢文名作選［第2集］3 古今の名詩』（大修館書店）、『蠣崎波響漢詩全釈』（幻洋社）などがある。

カバー・本文写真 © C.P.C.

〈あじあブックス〉
張《ちょう》 説《えつ》——玄宗とともに翔《かけ》た文人宰相

NDC289 256p 19cm

初版第1刷——2003年11月20日

著者————高木重俊
発行者————鈴木一行
発行所————株式会社大修館書店
〒101-8466 東京都千代田区神田錦町3-24
電話03-3295-6231(販売部) 03-3294-2354(編集部)
振替 00190-7-40504
[出版情報] http://www.taishukan.co.jp

装丁者————小林厚子
印刷所————壮光舎印刷
製本所————関山製本社

ISBN4-469-23197-5 Printed in Japan